suhrkamp taschenbuch 1573

Tilmann Moser, geb. 1938, studierte Philologie, Politik und Soziologie in Tübingen, Paris, Frankfurt und Gießen. Seine anschließende Ausbildung zum Psychoanalytiker erfolgte am Sigmund-Freud-Institut in Frankfurt. Sechs Jahre lang war Moser Dozent für Psychoanalyse und Kriminologie am Fachbereich Rechtswissenschaft der Frankfurter Universität. Seit 1979 arbeitet er in freier Praxis als Psychoanalytiker in Freiburg. Veröffentlichungen: *Gespräche mit Eingeschlossenen; Jugendkriminalität und Gesellschaftsstruktur; Repressive Kriminalpsychiatrie; Lehrjahre auf der Couch; Gottesvergiftung; Verstehen, Urteilen, Verurteilen; Grammatik der Gefühle; Stufen der Nähe; Familienkrieg; Eine fast normale Familie; Kompaß der Seele; Romane als Krankengeschichten.* Über Handke, Meckel und Martin Walser; *Der Psychoanalytiker als sprechende Attrappe.*

SIE, die Patientin, und ER, der Therapeut, beobachten einander und sich selbst; zur Sprache kommt, was zwischen beiden zunächst nicht in Worte gefaßt werden kann. Die Geschichte des Buchs ist die Geschichte einer 35jährigen Frau und die der langsam entstehenden Beziehung zwischen beiden.

Das erste Jahr ist der unermüdliche Prozeß einer Annäherung, ein Versuch ohne Garantie: ein unablässiges Verwirr- und Versteckspiel, mit Sprache, Zeichensprache, Körpersprache, die dechiffriert werden muß. Es geht darum, die Geschichte der Frau auffindbar zu machen; es muß gelingen, aus der unglückselig geleugneten Geschichte eine akzeptierbare Vergangenheit werden zu lassen; das unerträgliche mörderische Nein zu sich selbst muß widerlegt werden.

Patientin und Therapeut flößen einander Schauder, Mißtrauen, Resignation ein; nur allmählich wird die Schwelle überschritten, die sie füreinander zumutbar macht.

Tilmann Moser
Das erste Jahr

Eine psychoanalytische Behandlung
Mit einem Nachwort von Niklaus Roth

Suhrkamp

Umschlagbild: Pablo Picasso, Famille au bord de la mer, 1923.

suhrkamp taschenbuch 1573
Erste Auflage 1988

Druck: Ebner Ulm
Printed in Germany
Umschlag nach Entwürfen von
Willy Fleckhaus und Rolf Staudt

1 2 3 4 5 6 – 93 92 91 90 89 88

DAS ERSTE JAHR

SIE Schwere Glieder. Bleierne Müdigkeit. Beim Autofahren ziehen mich alle Brückenpfeiler an. Ich weiß nicht, wie ich an ihnen vorbeikomme. Der Wagen scheint mich vor meiner Sehnsucht zu schützen, nicht mehr dasein zu müssen. Die Ampeln verwirren mich. Überall rotes Licht. Wenn eines grün ist, bremse ich trotzdem, weil ich's nicht glauben kann. Und einige rote überfahre ich, weil ich es nicht ertragen kann anzuhalten. Rot ist zu böse. Ich sage nein zum Rot. Grün ist eine Falle: ein Loch, durch das ich hindurchfalle. Sie werden mich ertappen. Neben, vor und hinter mir die Anderen, die aufgezogenen Puppen, die so tun, als lenkten sie ihren Wagen. Dabei werden sie doch gefahren und können selbst nichts tun. Ab und zu droht mir einer. Ich lächle, wenn ich glaube, er meint *mich*. Von bösen Gesichtern fühle ich mich wahrgenommen. Ermutigt gebe ich Gas.

Ich schwitze, als ich in die Nähe seines Hauses komme. Aber Hände und Füße sind eiskalt. Ich fühle nichts und schaue mir zu. Keiner weiß, daß es mich gar nicht gibt. Immerhin, sie respektieren das Blau der blechernen Außenhaut. Manche Autos möchte ich rammen, damit sich etwas ereignet. Das Krachen würde die Stille in mir unterbrechen. Ich sause durch die Stille und bin nirgends. Die Welt soll untergehen, endlich. Sie ist schon zu lange in Betrieb. Wenn ich aber allein aufhöre zu leben, geht der Rest weiter, das spricht gegen mich. Darum muß ich weiterleben, weil alles gegen mich spricht. An der inneren Spannung spüre ich, daß ich noch lebe.

Ich lasse keine Hoffnung zu, als ich parke. Es wundert mich, daß mich keiner vertreibt. An der Hauswand sehe ich in großen Buchstaben das Wort »Irrtum« geschrieben. Riesig. Die Fenster sind wie Augen. In den Ohren dröhnt jeder Buchstabe. Dann verschwindet das Wort. Die Augen der Fenster sind tot.

Ich überquere die Straße. Sie ist endlos breit, so daß ich unsicher bin, ob ich je hinübergelange. Die Beine tun es für mich. Ich bin ein Anhängsel der Beine. Die Straße ist weich wie Brei. Die Tür entfernt sich vor meinen Augen, weg in Richtung Garten. Ich halte das Haus am Treppengeländer fest, damit es nicht verschwindet. Das Haus wehrt sich gegen mich. Die Tür ist drohend. Ich bin erschöpft. Ich müßte die richtige Klingel finden, aber die Buchstaben tanzen. Dann gibt es einen spürbaren Ruck in mir, vergleichbar dem, den ich empfinde, wenn ich vor meine Klasse trete. Alles wird kantig, überscharf, doch ich weiß: Ich werde funktionieren. Ich vertraue plötzlich darauf, daß ich richtig programmiert bin. Um den inneren Hohlraum herum mache ich die richtigen Gebärden. Ich klingle und höre einen fernen Summton. Drinnen oben muß er sein. Dort wartet einer auf eine Person meines Namens. Die Hüllen ausgeschlüpfter Libellen krallen sich noch lange am Schilfrohr fest. Man spürt erst, wenn man sie abnimmt, daß sie federleicht sind, daß niemand mehr drin wohnt. Sie rascheln hohl. Sie sind mir unheimlich und sehr vertraut.

Als die Tür aufspringt, erschrecke ich. Ich hatte das Öffnen wirklich nicht erwartet. Der Ton des aufschnappenden Schlosses ist fremd. Es muß einer da sein, der mich gehört hat. Oder es ist Zufall? Wird er spüren, daß ich nicht da bin? Und wie spüre ich, daß *er* da ist? Ich treffe viele Menschen, bei denen ich nicht weiß, ob sie lebendig sind. Hinter dem Eingang eine zweite Tür. Auch sie könnte mich noch abweisen. Doch sie läßt sich öffnen, als ob es normal wäre, daß Türen aufgehn. Ich stehe in einer Halle und suche Halt. Ein Kirchenschiff. Der Ort des großen Nein. Tausend Türen. Eine Treppe ins

Jenseits. Von oben die Stimme: »Hier, bitte schön!« Die Stimme gibt eine Richtung an. Sie ist ein Sog. Ich versuche, grade zu gehen, aber die Knie sind schwach und eigenwillig. Ich kann kaum sehen, wie er auf mich zukommt. Weit weg von meinem Körper, in einem ganz anderen Raum, spüre ich, wie eine Hand nach meiner greift. Er schaut mich an und scheint nicht entsetzt. Er hat nichts gemerkt. Jetzt kann ich erst einmal mitspielen.

ER Willenlos, zäh, ungreifbar, anschmiegsam, bösartig, aus großer Tiefe um Hilfe rufend. Merkwürdigerweise adoptiere ich sie sofort. Über dem Abgrund eine Schicht von Vernünftigkeit, mit der sie fast routiniert ihren Lebenslauf erzählt. Ich bin mit zwei Personen zusammen, einer vernünftigen, erwachsenen, die mit mir verkehrt, als sei ich eine Behörde, als ginge es um einen Vertrag, um eine Sache, die zwar ein Malheur ist, doch eher wie ein Schaden an einem Auto. Vielleicht bin ich so etwas wie der Werkstattleiter, mit dem man Möglichkeiten und Kosten einer Reparatur bespricht. Wie beurteilt man den Mann bei der Reparaturannahme? Wie weiß man, ob er sein Handwerk versteht? Ich sei ihr empfohlen worden, nach einer Ablehnung durch einen guten Kollegen, der gesellschaftliche Verflechtungen fürchtete. Ich weiß nicht, was sie wahrnimmt an mir. Ich bin bereit, mit ihr zu arbeiten, staune aber doch über meine rasche innere Zusage. Ohne viel zu verstehen, wähle ich sie, bin aber unzufrieden, fast unheimlich berührt über das Ja, dessen Hintergrund mir ungreifbar bleibt. Sie ist beunruhigt, als ich ihr vorschlage, zu einem zweiten Gespräch zu kommen und sich eine Woche Zeit zu lassen für die Überlegung, ob sie mit mir arbeiten wolle. Sie brauche nicht zu überlegen. Sie kann nicht wählen. Daß ich die Entscheidung aufschiebe, scheint sie eher zu quälen. Sie wisse nicht, was ihr da einfallen solle. Der Gedanke, ihre Gefühle mir gegenüber zu überprüfen, scheint ihr absurd. Es ist, als ob sie bei *mir* Skepsis wittere, Vorbehalte. Ich fühle mich plötzlich unaufrichtig, als ich ihr sage: *sie* möge prüfen, ob sie mit mir die schwere Arbeit auf sich nehmen wolle, die wir ohne Zweifel vor uns hätten. Bin ich ein Lügner? Will *ich* mir eine Woche Zeit gönnen, um dann vielleicht ein schonendes Nein zu formulieren? Ich kann nicht mehr unterscheiden, ob *ich* prüfen soll oder *sie*. Hat sie sich entschieden, bevor sie mich gesehen hat? Ich habe keine Autoreparaturwerkstatt, bei der dem Kunden meine Eigenschaften, meine Person, meine Einfühlung gleichgültig sein können! Sie spricht wie der Anwalt eines abwesenden Klienten. Aber wie will der Anwalt wissen, ob sein noch unbekannter Mandant bei mir in guten Händen ist? Der Anwalt weiß kaum, daß er seinen Mandanten in sich trägt. Der hat die Augen eines abgelehnten Säuglings, der in einer fremden Wüste ausgesetzt wurde. Ich sehe einen routinierten Anwalt, in dessen Gesicht aus ganz anderen Augen ein letztes Fünklein Hoffnung glimmt, ein stummer Hilferuf, aus einer Tiefe, die mich schaudern macht und die ich doch kenne.

Mich durchströmt ein Gefühl von Verwandtschaft, von Zugehörigkeit. Ich weiß von blitzartiger Einfühlung, daß man auf dieser Basis keinen therapeutischen Kontrakt schließen sollte. Man behandelt nicht nahe Verwandte. Tatsächlich höre ich Stimmen in mir, die vor dieser tiefen Ähnlichkeit, vor dem Sog, ja vor der Begeisterung des Erkennens warnen. Ich selbst bin jetzt zweigeteilt, in mir streiten die Ratschläge der Zunft, sie rät zu ruhiger, kühler Diagnostik, und das Engagement, das einem anderen Erkennen entstammt und mir die Tränen in die Augen treiben will. Hat sie doch recht, in mir den Lügner zu fürchten, der mit seinen Zweifeln noch gar nicht fertig ist, der Zeit zu gewinnen sucht, Zeit für Ausflüchte, Zeit für die Einsicht, daß ihm die Arbeit zu schwer werden könnte? Als ich spüre, daß das entsetzte Kind längst den Zweifler, der bei Regeln Rückhalt sucht, erkannt hat und ihn fürchtet, bin ich schon nicht mehr frei. Ich fände kein schonendes Nein. Nicht daß ich denke: Nur *ich* finde den Zugang zu ihr! Nein. Doch ich denke: Das Glimmen in den Augen, dieser winzige Rest Hoffnung, könnte erlöschen.

SIE Er wird während der endlos langen Woche einen Grund gefunden haben, mich nicht zu nehmen. Er wird beim Nachdenken entdeckt haben, daß ich viel zu schlimm sei, zu tot, zu böse, zu aufgebläht von Bitterkeit und Rache. Ich gehe doch nicht in die Kirche, wenn ich zu ihm fahre! Und trotzdem ist es das gleiche Bauchweh, die gleiche Aufregung, die Därme gurgeln ähnlich wie früher. Ich will keine Hoffnung mehr zulassen. Wer hofft, stürzt tiefer. Kalt zu bleiben, hatte ich mir vorgenommen, um ein Nein gefaßt zu ertragen. Und nun gibt es den toten Teil um mich herum, der bis in den Kehlkopf hinaufkriecht, ich höre meine Stimme wie von weitem rascheln. Ein anderer, ungebärdiger Teil klammert sich an sein Gesicht, ich spüre den Sog, ich hoffe, er merkt es nicht oder wird nicht wütend. Ich bin einerseits tot, andererseits dreist wie ein verirrtes Kind; ich starre ihn einfach an. Das tut man doch nicht! Er sieht nicht böse aus. Ich kann seinen Sätzen nicht zuhören. Ich lauere darauf, wie er das Nein verpackt hat, ob es in ein paar Ratschlägen oder Freundlichkeiten versteckt ist. Ich mag nicht überrascht werden, nicht einmal im Guten, Überraschungen sind schrecklich.

ER Noch immer versuche ich herauszuhören, ob sie wirklich wählen kann, ob sie mich oder etwas an mir erkennt, ob sie spürt, daß wir einen Vertrag schließen, mit einem Ziel, einer Arbeitsform. Ich fühle mich einsam bei dieser Suche nach dem Partner. Einsam vielleicht wie eine Schwangere, die gern schon mit ihrem Kind reden würde über das, was sie gemeinsam vorhaben. Aber sie handelt oder fühlt nach ganz anderen Gesetzen. Sie nistet sich ein bei mir, mit Orientierungsmitteln, die außerhalb meiner

Einfühlung liegen. Sehr langsam nur breitet sich ihre Angst, ich könnte sie wieder in die Wüste zurückschicken, durch die Luft aus, bis zu mir herüber. Dies ist nicht eine Begegnung von zwei Menschen, die Faßbares aneinander erkennen und deshalb aufeinander zugehen. Was fühlt eine geschundene Seele, die seit langem durch die Welt irrt und einen Platz sucht, wo sie wieder in ihren Körper schlüpfen könnte, den sie für unbewohnbar hält?

Was fühlen Teile einer Person, die einen Ort suchen, wo die Narben ihres Zerfalls erst einmal wieder aufbrechen können? All dies weiß ich nicht, in dieser zweiten Stunde. Es riecht nach Angst. Vor mir sitzt eine erschöpfte Person, die mechanisch redet und in Panik ist. Ich bin unbarmherzig, weil ich mehr erkennen will von dem Abenteuer, auf das ich mich einlasse, oder weil ich noch mehr Rechtfertigung brauche für einen Weg, der längst begonnen hat. Ich fahnde nach biographischen Brocken, weil ich das unterirdische Wogen der Gefühle ordnen möchte. Sie *muß* ein Mensch sein mit einer Geschichte. Vielleicht fühlt sich die Geschichte wie ein Ganzes an, auch wenn sie mir nur in weit voneinander entfernt liegenden Teilen erscheint und ich selbst spüre, wie Bruchstücke *meiner* Identität weiter als gewöhnlich voneinander abrücken. Ich bestehe aus einem, der gegen die Tränen ankämpft, und einem, der dogmatische Diagnostik betreiben möchte; einem, der ein therapeutisches Vorgespräch strukturieren will, und einem, dessen Zimmer nicht mehr ganz in den Fugen ist. Das Zimmer taumelt. Der Sonnenschein draußen ist heil, doch ungeheuer draußen, er schützt uns nicht. Drinnen schwankt die Atmosphäre zwischen Schlachthaus und Kapelle, man könnte hier sterben oder in tiefe Andacht verfallen; nicht nur sterben: morden oder getötet werden; oder anbeten, anstarren. Ich weiß nicht, warum ich ihr sagen muß, daß ich mit psychotischen Episoden rechne; vielleicht um sie zu warnen und mich zu beruhigen oder, umgekehrt, um mich zu beruhigen und ihr zu sagen, ich sei vorbereitet. Sie hat wohl gesagt, sie fürchte oft, verrückt zu werden; ihr Mann meine manchmal, sie sei es. Sie selbst wisse es nicht. Ich spüre, wie gerne ich zaubern möchte; ich möchte ein Schamane sein, der bestimmte Gesänge kennt, die die Angst vertreiben. Ich fühle mich mit einer fast nicht mehr menschlich zu nennenden Macht betraut, einer gottgleichen Willkür, die aber nicht gezeigt werden darf; sie ist zugleich riesig und doch nur unendlich diskret zu handhaben. Sie darf nicht benutzt, nur empfunden werden. Es ist eine Erkenntnis, von der ich das Gefühl habe, ich verdanke sie ihr. Gott ist eine nährende Substanz, die nachwächst, sich nicht erschüttern läßt, nicht kränkbar ist, ich meine, mit schlimmen Folgen. Aber was hat das alles mit Gott zu tun? Sie sitzt und schaut und bringt Vergessenes hoch. Ich will mich ans Übliche, an Vater und Mutter halten, notfalls an Teile von ihnen, und jetzt sitze ich in einer Kapelle, auf dem Stuhl des Bischofs, oder gar auf dem Altar, oder ich bin der Altar, und wenn ich einen kleinen Fehler mache, bin ich ein nicht sehr erfahrener Therapeut, den jemand an der Nase über seine eigenen Grenzen hinausführt und ihn das Fürchten und die Fernsicht lehrt. Sobald ich mißverstehe oder zuviel Eigenes sage, höre ich auf, eine gute Substanz zu sein. Dann bin ich, und wie peinlich fühlt sich das an, ein versagender Mensch, ihr Gesicht eine Wandtafel zur Anzeige von Enttäuschungen. Das geht in Bruchteilen von Sekunden: siebenundzwanzig Arten, eine zerfurchte, überschattete Stirn zu bekommen.

Endlich kann ich mich von dem Bedürfnis lösen, erkannt zu werden. Ich verzichte darauf, ein konturierter Mensch zu sein; verzichte auf Alter, Geschlecht, auf vertraute Umrisse, Aussehen; verzichte darauf zu sehen, wie sie mich sieht. Ich bin als eine Substanz gebucht. Die Frage ist nicht, ob sie mit mir als konkrete Person arbeiten will, sondern ob sie ein Teil dieser Substanz bleiben darf.

SIE Mein Radar versagt. Ich höre einfühlende Sätze, sehe ein Nicken, ein Zustimmen, gar ein Benennen von Schmerzen, die zu benennen ich aufgehört habe. Aber wo bleibt das Gift, die heimliche Wut, die unvermeidliche Enttäuschung des Anderen? Wann kommt endlich das Nein? Wenn es kommt, dann ist sein Reden unerlaubte Einmischung, ein Erfragen von Gewußtem, dessen Färbung mir entgeht. Warum scheint er bewegt, als ich sage, ich sei auf der Flucht geboren, täglich an einem anderen Ort gestillt worden und wegen der Krankheiten der Mutter unfähig gewesen, ihr Gesicht in mich aufzunehmen?
Da ist doch nichts zu fühlen, das ist vergangen, tot, langweiliger als jede beliebige andere Geschichte. Mein Mann wußte viele solche Geschichten über sich. Er schien an sie zu glauben.

Ich hasse sie, weil sie ihm eine Berechtigung zum Leiden zu geben schienen. Er glaubte, man komme wirklich vor in solchen Geschichten, man könne an ihnen Leiden und Behinderung messen. Ich möchte nie mehr raus aus diesem Sprechzimmer, und ich möchte sofort gehen, weil ich den Sog spüre. Der Stuhl wächst an mir fest oder umgekehrt. Wenn ich aufstehe, wird er hängenbleiben. Und das erlösende Nein kommt nicht.
Aus der Ferne höre ich, wie Monate, Tage und Tageszeiten genannt werden, und versuche, sie mir einzuprägen, als gingen sie mich etwas an. Ich befehle dem toten Beschützer in mir, er solle sich alles merken. Heimlich lache ich, an einem ganz anderen inneren Ort, weil ich weiß: Dies alles geht mich Gott sei Dank nichts an. Ich fühle mich nicht gebunden. Wer nicht nein zu mir sagt, ist mir zu fremd, um auf längere Zeit mit mir zu sprechen. Der bringt ja alles durcheinander mit seiner freundlichen Heimtücke und hinterhältigen Milde. Er scheint gefährlicher, als ich angenommen habe. Aber das Gefährliche lockt mich. Er wird mich nicht so schnell wieder los. Von einem bestimmten Zeitpunkt an würde ihm ein Nein nichts mehr helfen. Ich würde vielleicht weggehen, aber

bliebe mit ihm beschäftigt, an ihm haften. Ich hoffe und fürchte: Er weiß nicht, was er tut. Er wird sich die Finger verbrennen. Daß er sich so verschätzen kann! Entweder er ist dumm, oder ein Angeber, ein Größenwahnsinniger. Oder er braucht mich als Strafe. Das kann er haben.
All dies bleibt nebelhaft, ich fühle nur Erstarrung und Aufgeregtheit. Verfluchtes Gedärm, das sich der Steuerung entzieht. Am schlimmsten ist es, Tränen in seinen Augen zu sehen. Der arme Mensch scheint von Gefühlen geplagt. Das kann ja heiter werden. Eine gruselige Nähe. Ich will den Kitsch nicht sehen. Ich gewöhne mir nicht durch die Jahre das Weinen ab und lasse mir dann von jemandem, der mir helfen soll, was vorheulen. Da beschließe ich lieber, nichts zu sehen.

ER Es ist idiotisch, wie wenig eindeutig ich jetzt sein kann. Ich will die Tränen verbergen und hoffe doch, daß sie sie sieht. Sie spricht davon, daß sie hoffe, es gelinge ihr noch, die letzten Gefühle in sich abzutöten; es gebe Tage, wo sie überzeugt sei, es zu schaffen. Die volle Wucht dieses Ziels begreife ich erst später. Noch glaube ich, es könne jetzt schon Sinn haben, wenn ich *meine* Gefühle nicht verberge, wenn sie mich so unabwendbar überkommen. Sie sind nicht steuerbar in solchen Augenblikken, und ich erlebe das Weinen als ein Geschenk von ihr. Trotzdem ist klar, daß sie davon nichts wissen will. Ich ahne also: Sie kann mir Geschenke machen, von denen sie nichts wissen mag. Ich werde sie für mich alleine sammeln, aber später bei Bedarf Zeugnis ablegen. Spannend der Gedanke, wieviel sie trotz allem wahrnimmt, und dann wieder, wieviel vom heimlich Wahrgenommenen sie behält. Also: werden wir trotz der Sprachlosigkeit eine gemeinsame und irgendwann benennbare Geschichte haben? Denn es kommen jetzt die Monate ohne Sprache, die Augenmonate, die Wochen des Verlegenseins über den gurgelnden Bauch, die unnennbaren Ängste auf der Treppe.

SIE Aufatmend und haßerfüllt lasse ich allmählich den Gedanken zu, daß er mich nicht wieder wegschickt. Das große Nein hat also Aufschub bekommen. Es gilt, auf der Hut zu sein. Er ist der Jäger, ich bin das Wild. Er findet Sätze, die von weit außen hereindringen, bis nahe an die inneren Sperrbezirke. Mir wird bald deutlich, daß er fast so raffiniert ist wie ich. Das flößt mir Respekt ein. Er weiß noch nicht, daß *ich* ihn in meinen Labyrinthen fangen werde. Mir graut vor seiner Rache, wenn er aufgeben muß. All dies sind nicht sichere Gedanken, sondern Fetzen im Wind, sofort verweht, wenn man sie greifen will.

Ich weiß, daß man sich hinlegt, wenn alles korrekt sein soll. Er sagt es mir auch. Doch ich weiß im selben Moment, daß ich es nicht tun werde. Alle mögen es tun, ich sicher nicht. Es kann also in der dritten Stunde schon alles scheitern. Therapeuten sind korrekt, der Rest ist unerhebliche Abweichung. Wahrscheinlich bin ich eine unerhebliche Abweichung. Ich bereite mich auf einen kühlen, sachlichen, achselzuckenden Abgang vor. Wir müßten uns nicht einmal hassen. Ich könnte ihm nicht erklären, und will es auch nicht, warum ich um keinen Preis auf diese Couch gehe. Ich würde viel zuviel verraten, wollte ich es erklären. Man sagt einem Fremden nicht bei der dritten Begegnung, daß man eher sterben werde, als sich so schamlos, so ohne Kontrolle, so zum Gliederzucken hilflos auszuliefern. Manche mögen nicht wissen, was ihre Seele macht in dieser Lage. Ich ahne, daß sich bei meiner Marionette die Schnüre verknäulen könnten und ich nur noch ein zuckendes, wimmerndes Bündel wäre. Der Mensch fängt dort an, Mensch zu werden, wo er klare Worte bilden und sie in klare Sätze einbauen kann. Solange ich ihn stumm anstarre, reißen die inneren Schnüre nicht. Ich bin zwar kein Mensch, aber auch kein Frosch im galvanischen Experiment. Hasen nach dem Schlachten zucken so, wie ich fürchte, auf dieser Couch zu zucken. Und wenn ich zu einem Nichts zusammenschrumpfe, bin ich nicht tot, aber unsichtbar, endgültig wirkungslos. Merkwürdige Vorstellung: Wie er die Couch nach mir absucht, ein Riesengesicht, und ich stecke in einer Cordritze, versuche gellend zu schreien, aber natürlich kommt kein Laut; er wird an Hexerei und Zauber glauben. Ich will eigentlich nicht dieses Gesicht sehen, das mich nicht mehr findet. Sie macht diabolischen Spaß, die Phantasie, aber so böse will ich noch nicht zu ihm sein. Außerdem weiß ich nicht, ob er nicht zum riesigen, steinernen Monument würde hinter mir, oder ein Baum, der zum Fenster hinauswächst, Bilderfetzen, sofort verweht. Eine ruhige, zum achselzuckenden Abgang bereite Sicherheit: ich lege mich nicht auf die Couch.

ER Es wäre schön, sich meditierend zurückzulehnen, nicht behelligt von diesen Augen, und die Abgründe, die frühen Fratzen, Zerrbilder, Wasserspeier, das Muttergruseln und das Vaterentsetzen und die leuchtenden Gegenbilder auftauchen zu sehen, ein andächtiger Besuch in einem grotesken Zoo, Käfig für Käfig, in halbwegs geordneter Reihenfolge! Aber ich werde nicht Zuschauer sein bei diesem Unternehmen, nicht einmal nur Wegbegleiter. Die frühen Monster werden in mir selbst spürbar werden, in mir, an mir, oder im Zwischenraum zwischen uns.

Eine erste Ahnung, daß sie selbst es vielleicht wissen könnte, läßt mich fragen, ob sie sich vorstellen könne zu liegen. Die Antwort ist eindeutig, und nicht in einem Ton, als ob sie Stoff wäre für deutende Arbeit. Und auch der sanfteste Druck wäre eine Überrumpelung. Seltsam, daß ich denke: Sie könnte mich einfach sitzenlassen mit meinen grade erst angelaufenen, suchenden und tastenden Gefühlen. Die Antwort ist so bestimmt, daß ich auch spüre: Bestimmen wird wohl nur sie. Wenn ich Glück habe, bekomme ich Antworten auf vorsichtige Fragen. Aber eine Antwort ist immer schon eine Gnade. Antworten heißt mitmachen, mitspielen, an einen Dialog glauben, in den Sätzen einen Sinngehalt übergeben, mit dem der andere, ich, Unkontrollierbares machen kann. Das alles will erst verdient sein. Wir sind noch so weit vom sprechenden Menschsein entfernt. Ihre Hauptarbeit ist es, und dies für lange, nichts zu verraten.

SIE Er gebraucht Worte, wirft sie aus wie Lockvögel, Schlingen, Köder. Manche berühren mich. Ich beiße mir auf die Lippen, weil er das Zucken meiner Finger, meiner Füße und die Furchen auf meiner Stirn bemerkt. Er sieht mehr, als ich selber spüre, und er zeigt es dreist. Er meint, wir stünden in Verbindung, wenn ich lächle, und ein Stirnrunzeln ließe sich in Worte fassen. Er quillt über vor Worten. Manchmal rührt es mich, wie er sucht, anbietet; fast verschenkt er sich; wenn er abgeblitzt ist, strengt er sich um so mehr an, es ist qualvoll, manchmal, ihm zuzusehen. Er hat keine Würde, er stellt mir nach, er meint, er schaffe es mit Verwöhnung, er lechzt danach, mich mit Worten zu erreichen. Nachts schmerzt es mich, daß ich ihm kein Zeichen geben kann: er möge sich weniger anstrengen. Ließe ich ihn mich verste-

hen, es wäre um mich geschehen. Vielleicht würde ich schreien, nicht mehr kommen.
Wenn er mich beinahe findet, versteht, wenn er seine Fühler in meine Welt streckt und ich an einem feinen Zittern merke, daß sie in der Nähe sind, erstarre ich und verkrieche mich ins Dikkicht. Wenn dieser Idiot, der liebe, nur spüren könnte, daß ich noch längst nicht gefunden werden will. Daß wir noch nicht einmal die Bedingungen des Erblicktwerdens kennen. Es gibt mich noch nicht, und er will mich schon zu fassen kriegen. Lächerlich. Ich kann ihm die Arbeit, das Lernen nicht ersparen. Noch nie habe ich so kalt und erstarrt einem Menschen zuschauen müssen: wie er sich um mich bemüht und mich gleichzeitig zur undurchdringlichen Mauer macht. Wenn ich mich nicht erreichen lasse, bin ich mächtiger als er. Ich sehe es an seiner Erschöpfung. Er allerdings ist auch mächtig. Zu Beginn jeder Stunde ist die Niederlage, die ich ihm am Tag zuvor beibringen mußte, weggewischt. Er begrüßt mich, als hätte ich ihn nicht besiegt, ich hinterlasse keine Wirkung, er wirkt nicht angeschlagen, er zeigt keine Spuren von Ermattung. Er schöpft aus anderen Quellen. Vom Fragen bin ich noch weit entfernt.

Ich spreche nicht mit ihm. Ich lasse ihn mit mir sprechen, bis ihm die Worte ausgehen, bis die Buchstaben tanzen, grinsen, bis er an seinem eigenen Wortbrei erstickt. Trotzdem beginnen die Worte Spuren zu hinterlassen. Manche öffnen sich im Traum wie Blasen. Kurz bevor sich mir ihr Sinn erschließt, platzen sie, und ich schaue ins Leere. Aber der Ton bleibt zurück, ein sehnsüchtiges Gefühl von *beinahe*. Ich hasse ihn und ich hasse mich, wenn ich spüre, daß ich neugierig werde auf den Sinn seiner Worte.
Die Stunden reihen sich und ergeben keine Zeit. Der drüben im Sessel gebraucht Ausdrücke wie gestern, vorgestern, letzte Woche, vorigen Monat, er spintisiert eine Geschichte zusammen, Entwicklungen, aber das sind Fallen, die ich ihn vergeblich stellen lasse. Eine Geschichte, die nur er versteht und die er zusammensetzt aus Dingen, die mir herausgeschlüpft sind, anerkenne ich nicht. Ich will nicht übertölpelt werden. Er mag vieles in mir ahnen, aber ich vernichte sein Ahnen spielend in meinem Kopf. Er muß einsehen, daß er spinnt. Ich will in seine Geschichte nicht eintreten.

ER Manchmal, wenn sie eintritt, fühle ich mich wie ein grausamer Lehrer, für ein Kind, das zu früh in die Schule gekommen ist. Einschüchterung scheint von mir auszugehen. Sie drückt sich scheu zur Tür herein, gibt mir artig die Hand, so unterwürfig, daß man glaubt: Man hat vielleicht, ohne es zu merken, ein Seelenleben ausgelöscht, und nun zeigt es sich nicht mehr. Jede Begrüßung ist also eine Strafe, weil das Lächeln abgestorben ist, weil es kein Erkennen gibt, vor allem aber, weil sie ein langsames, unerbittliches Mustern mit sich bringt: als müsse das Wetter auf meinem Gesicht erkundet werden, von unbekannten Satelliten aus, denen ein Lächeln nicht als Lächeln erscheint, sondern als der Vorläufer einer endlosen Tiefdruckzone, als ein Warnzeichen, als Scheintauwetter, lächerlich angesichts der Eiszeitepochen, die zu überstehen sind. Lange grüble ich, welche Person oder welcher Teil einer Person ich sein könnte, der so einschüchternd war, aber das paßt irgendwie nicht. So wie sie mich anschaut, bin ich die Gefahr schlechthin, hinter allen Personen, und sie ist die Vorsicht, das Lauern, das gebannte Hinstarren auf das noch nicht Faßbare, ein Unglück, einen Angriff, der für beide noch im dunkeln liegt.

Wenn der Kontrast zwischen meiner aufgeräumten Stimmung, bevor sie kommt, und dem Monstrum, zu dem ich plötzlich werde, wenn sie da ist, zu groß ist, pflanze ich mir mit den Händen pantomimisch Hörner auf die Stirn, denn sie schaut, als ob ich der Leibhaftige sei. Sie findet mich aber nur komisch. Den Ausdruck von latenter Panik in ihren Augen hat sie nicht mitbekommen. Sie weiß nicht, daß ich auf einen Gesichtsausdruck reagiere. Er entgeht ihr, und wenn ich ihn ihr schildere, ist sie böse auf sich, weil sie so viel von sich zu erkennen gibt, obwohl sie selbst die Gefahr noch nicht fühlt. Sie weiß also noch nicht, daß sie Angst hat und von diesem unbewußten Ausdruck der Angst ein Druck ausgeht, der mich fürchten macht, ich könnte ein Bösewicht sein, ein Entsetzlicher, genauer ist es nicht zu formulieren, ich bin ein Entsetzlicher, oder ein Träger des Entsetzlichen, das nicht benennbar ist.

SIE Ich triumphiere, wenn er mich nicht findet, aber ich möchte auffindbar werden können. Ich ertrage das Bild von mir, das er mir manchmal zurückspiegelt, nicht. Er sollte mir nicht so viel von mir zeigen. Er scheint nicht zu verstehen, wie ungeheuerlich ich vor mir selbst erschrecke. Ich spüre dann, daß er ein Ziel hat. Er nennt es arbeiten. Wie in der Schule. Er scheint Fortschritte sehen zu wollen. Leider wechselt das Klima. Er gibt zu, daß er mit und an mir lernt. Das weiß ich doch selbst. Wenn er es mir mitteilt, fühle ich mich ihm schon wieder zu nahe. Ich kann keine Bündnisse ertragen, er aber sucht dauernd nach Bündnissen. Nichts ist gefährlicher als ein Pakt. Doch er lernt wirklich. Für Minuten, ja manchmal für Viertelstunden, kann er wirklich Ruhe geben, ohne in mir oder, was genauso qualvoll mit anzusehen ist, in sich selbst herumzustochern und zu stöbern. Er arbeitet, vielleicht um sein Geld zu verdienen. Ridiküle Idee, daß das Geld, das ich ihm zahle, als ob es Abfälle wären, uns unter Druck setzen könnte... ich habe *uns* gesagt, ich will es tilgen, es ist mir unterlaufen, ich will kein *wir* oder *uns*, es ist anrüchig genug, wenn *er* immer wieder ein *wir* einfließen läßt. *Wir* ist immer gelogen. Er scheint es freundlich zu meinen und wundert sich, wenn ich ihn in den Finger beiße bei dieser unerwünschten Art von Geschenken. Ich kann ihm nicht mitteilen, und will es auch nicht, wie vielen Appellen an ein Wir ich auf den Leim gegangen bin. Soll er doch selbst drauf kommen. *Sein* Glück ist es, Zusammenhänge zu erkennen. *Sein* Bier. Ich muß nicht ins gleiche Horn stoßen. Zusammenhänge zu erkennen und sie in ein Wir einzubauen scheint ihn aufzugeilen. Merkwürdiges Wort. Es stimmte, wenn der sexuelle Beiklang wegfiele. Er redet von meinem Mißtrauen, als ob es eine Eigenschaft wäre, die ich irgendwann zur Disposition stellen wollte. Er zählt es wohl zu meiner Konkursmasse, die wir zusammen sichten. Mein Mißtrauen, das bin *ich*. Das ist kein Arbeitsthema, wenn er es nur endlich kapieren würde! Er will Therapie mit mir machen. Das scheint der unvermeidliche Preis dafür zu sein, daß ich fast täglich herkommen darf.

ER Wenn du vor mir sitzt, nachdem mir das Begrüßungszeremoniell wieder klargemacht hat, daß du für Geld deinen potentiellen Zerstörer besuchst, kommt manchmal ein quälendes Schweigen auf. Du hältst mich für grausam, weil du überzeugt bist, daß ich in diesem Raum Herr der Ereignisse und also auch der Stimmungen bin. Darüber sprechen ist nicht möglich, solche Gedanken gleiten an dir ab, und ich bleibe beschämt als einer zurück, der merkwürdiges Zeug redet, wie ein Kinderverderber, vor dem dich der Großvater warnen müßte. Du bist den seltsamen Einflüsterungen eines Menschen mit unseriösem Beruf ausgesetzt, der nie und nimmer von deiner Familie ernstgenommen würde. Der Großvater würde einfach mit den Fingern schnipsen: unfrommes, familienfeindliches Gesindel. Du bist böse, wenn ich von deiner Familie rede, du findest, das gehöre nicht hierher, sei Schnee von vorgestern, schon nicht mehr wahr, mühselig vergessen. Du haßt mit Inbrunst alle Spuren deiner Familie an dir, und ich bin frech, unnötig grausam, »entsetzlich«, wenn ich Verknüpfungen vornehme. Nur für den Vater gibt es, am vorsichtigen Aufleuchten der Augen erkennbar, im Dunkeln ein Heiligtum, gleich neben dem Abgrund, in dem dieselbe Figur, die du verehrst, als unbekanntes Monstrum, umgeben von schrecklichen Geheimnissen, ihr Nacht- und Rätseldasein führt. Du heulst auf vor Schmerz und Ekel, als ich andeute, daß ich manchmal mütterliche Gefühle, wie für ein Kind, das verlorengegangen schien, empfinde: sollte die gute Substanz, die ich und das Zimmer bieten, von mütterlicher Färbung sein, dann wärst du verloren. Wir müssen zusammenhalten, sagst du, gegen die

Mutter: ein erstes WIR aus deinem Munde, ein Pakt, den du mir anbietest, bei dem auch mir graust, denn es fühlt sich an, als müsse jemand eliminiert, ermordet, geleugnet werden, damit WIR aufatmen könnten. Du nimmst das Wir auch rasch wieder zurück, einen Augenblick lang aber war ich, in einem noch unbekannten Krieg, ein Schutzpatron für dich, eine Insel, auf die man zutreiben könnte in einem Meer, in dem unbekannte Urtiere einen in die Tiefe reißen wollen.

Ich muß mich an solche Momentangebote halten, ja klammern, als zukünftige Möglichkeiten. Doch es wäre vollkommen unsinnig, sie als etwas Benennbares zwischen uns zu sehen. Du willst keine Zeugnisse und Wegmarken, es soll noch keinen gemeinsamen Besitz geben für uns, für den du mitverantwortlich bist. Du willst jederzeit alles leugnen, alles zerstören können. Wenn ich mich an Zeichen klammere, bitte schön, du läßt es zu, wunderst dich über meine Bedürftigkeit nach Hoffnung, nach Orientierung, hältst mich für ängstlich, aufbauend, auf schwer erträgliche, weil Ansteckungsgefahr heraufbeschwörende Weise optimistisch, was du mich unweigerlich büßen läßt durch Anfälle therapeutischer Hoffnungslosigkeit. Dann schäme ich mich, in meiner Berufsrolle überhaupt vor dir zu sitzen.

SIE Meine Wirkung auf ihn ist zu groß. Dieses Ausmaß an plötzlicher, sich über sein ganzes Gesicht ausbreitender Hoffnungslosigkeit, diese Lähmung seiner Sprache, das Verenden seiner Gebärden, dieses wie ein bedrückendes Naturereignis hereinbrechende Zusammenfallen, das ist zuviel. Es versetzt mich in Panik. Der Turm, den wir bauen, stürzt ein, schon wieder ein WIR, ich baue ja nicht mit, ich schaue zu und lasse manchmal Hoffnungsfunken zu: er möge nicht erlahmen, obwohl es absurd ist.
Ich bleibe unbeteiligt, aber gewöhne mich an diesen Unbeirrbaren. Und dann lasse ich ihn in sich zusammenfallen, ich spüre es vorher nicht und weiß doch: ich habe es angerichtet. Er scheint genauso unvorbereitet auf diese Einbrüche. Das große NEIN ist dann im Raum. Er hat das Aussichtslose erkannt, denke ich, Gott ist von der Schöpfung erschöpft und stirbt, sein letztes, mißglücktes, allzu schwieriges Werk sieht ihm zu und weiß, daß es ihn nur um Stunden überleben wird. An mir haben sich alle

übernommen, ich war immer das Stück Zuviel, was über die Kräfte ging, das eine Last war, ein Rätsel, das auch den Anderen das Leben erschwert hat, ein Zuviel, das Andere an den Rand bringt, sie fast verbluten, sie an ihrem Wert verzweifeln läßt.

ER Das Anstarren, das Belauern vollzieht sich so, daß mir auch nicht für den Bruchteil einer Sekunde Pause gegönnt wird, Atempause, Blickpause, winzige Momente, um das Gesicht zu entspannen, eine erleichternde Beißbewegung zu machen, die brennenden Augen zu reiben. Ich kämpfe lange gegen das: »jetzt kann ich nicht mehr«. Oft warte ich einen Augenblick zu lange, bis ich schon verkrampft bin und ein Recht auf Notwehr hochkommen fühle. Lückenlose Beobachtung. Keine Zeitritze, kein winziger Bruch zwischen den Sekunden und Minuten des Anstarrens. Ich fühle mich in einem Tierexperiment, ich bin ein kleines Insekt, das von einem großen Insekt gnadenlos und nach unbekannten Regeln beobachtet wird. Sie scheint nicht zu wissen, wie sie mich belauert, es wäre wieder zuviel an Wissen über sich selbst, das sie nicht mit mir teilen will.

Wir verbringen Wochen im gemeinsamen Ringen, daß sie erlebt, was sie tut. Sie will es nicht wissen. Sie sieht mich leiden und will mich doch nicht leiden machen. Sie sieht den Schweiß auf meiner Stirn und möchte es doch nicht gewesen sein. Welches Aufatmen, als ich sagen kann: »Ich spüre, wie wichtig es für Sie ist, mich unablässig im Auge zu behalten. Wir wissen noch nicht ... (ein Schatten huscht über ihr Gesicht, ich korrigiere mich:) Ich weiß noch nicht, was Sie so unablässig beobachten müssen, vielleicht sind Sie selbst einmal so beobachtet worden (wieder der Schatten). Manchmal kann ich es gut ertragen, manchmal ist es sehr anstrengend für mich, und die Augen brennen! Ich brauche ab und zu kleine Pausen und möchte dann zum Fenster hinausschauen auf den Baum.« Und das tue ich dann später auch, wenn es rechtzeitig geschieht, mit einem guten Gefühl ruhiger Berechtigung. Wenn ich aber zu lange ausgehalten habe, bekommt das Wegschauen etwas leicht Strafendes, das sie sofort spürt, schneller als ich. Wenn ich das Gefühl vom Tierexperiment formuliere, empfindet sie es als ungeheuerlichen Vorwurf.

Mich selbst hat nur Gott so angesehen, so unablässig, forschend, außermenschlich regungslos.

Die Zeit gerät dann aus den Fugen. Ich verliere das Gefühl für die Sekunden und Minuten. Es gibt kein entspanntes Auf-die-Uhr-Sehen mehr, denn sie verstünde es unweigerlich als ein ungeduldiges Herbeisehnen des Stundenendes, ein gieriges Warten auf ihr Verschwinden. Das aber trifft nur selten zu, weil meine Sympathie und Einfühlung nicht enden; es sei denn, ich stürze in die Urresignation ab, die sie mich erleben läßt, ohne etwas davon wissen zu wollen. Wichtig ist, daß ich die Nacht überlebe und zu meinen Kräften zurückfinde. Sie hat selten etwas Schlimmes angerichtet, was die Nacht überdauert hat. Sie muß winzige, unmerkbare, mikroskopische Gesten der Wiedergutmachung vollzogen haben. Oder der noch nicht anwesende Säugling hat mich am Schluß doch noch kurz angeblitzt, ich meine der zutrauliche, der noch unbekannte.

SIE Gegen die Kraft seines Lächelns bin ich manchmal wehrlos und lasse mich anstecken. Es sind Brücken für Augenblicke. Ich kann sie wieder einstürzen lassen. Ich will nicht festgelegt werden auf ein Lächeln, ich will nicht, daß es Erkennen bedeutet. Sein Gesicht soll nicht mein Schicksal werden. Wenn das Gesicht in mich eindringen will, schaue ich hindurch und blicke durch seine Augen, die ich festhalte, weit hinaus in ein sonniges Land. Seine Augen sind Tore in eine andere Welt. Wenn *er* schaut, sieht er mich, als ob ich ein Ganzes wäre. Meine losen Teile flattern aufeinander zu. Aber ich will nicht, daß er mich mit seinem Blick zusammenfaßt. Das Auseinanderfallen ist meine Rettung. Ich kann mich wegschleichen, ohne daß er es gleich spürt. Aber unruhig wird er. Wie merkt er, daß ich nicht mehr da bin? Mein Spielraum wird enger. Er kommt mir auf die Schliche. Manche Schlupfwinkel der Unauffindbarkeit hat er bereits entdeckt.

Über lange Wochen und Monate lasse ich ihn schrumpfen. Manchmal geht es ohne mein Zutun, manchmal kann ich es steuern. Ich kann ihn aus meinem Gesichtsfeld hinauswerfen, ohne ihn aus den Augen zu verlieren. Dann zerfällt er mir in mehrere Teile. Das ist so unheimlich, daß ich es ihm sagen muß.

Er erscheint mir manchmal in Träumen. Ich sage nichts davon und meine, er muß es wissen. Noch im Traum versuche ich, ihn zu verscheuchen.

ER Sicher ist nur die Regelmäßigkeit des Kommens. *Wer* zu den einzelnen Stunden kommt, ist ungewiß. Immer häufiger fühle ich mich angestarrt und nicht gesehen. Dann entgleist die Zeit. Ich nenne es die Zeitdehnungsmaschine, die dazwischentritt. Anfangs sind wir noch, vielleicht, im gleichen zeitlichen Raum: mein gelegentliches Sprechen gliedert die Zeit. Dann verlangsamt sich alles. Mein Atem wird schwer. Die Sätze hängen in der Luft, und die Luft wird dünn. Ich spüre einzelne Körperteile überstark. Die Augenlider sinken, ich werde bleiern müde, versuche es zu verbergen. Ich stehe auf im Zimmer, gehe zum Fenster, zünde mir eine Zigarette an, kneife mich in den Arm. Immer dieser Blick, der mir die Zeit entfremdet. Ich verliere mich, bin nirgends, auch nirgends in der Zeit. Sie sitzt und starrt, ich kämpfe gegen den Schlaf an, und langsam steigt Wut auf, Wut über so viel Übermacht. Ich werde aus meinem sicheren Gehäuse gedrängt, ich verliere den Kontakt zu einer sicheren Wirklichkeit, konzentriere mich aufs Überleben, ich will nicht im Zeitloch verschwinden. In meiner Brust wird es eng, der Kopf dreht sich, ich benenne stumm Gegenstände im Zimmer und schweife weit, weit ab, muß sie verlassen, fühle mich als Versager, der es innerlich nicht bei seinem Patienten aushält. Schließlich fühle ich den Kopf wie in langem Fall auf die Brust sinken, immer wieder. Ich schlafe, vor ihren Augen, in ihren Augen, mehrmals ein und weiß, sie steuert es, sie ist eine Hexe, mit außermenschlichen Kräften. Als ich immer wieder erwache, schaut sie belustigt, aber liebevoll. Wir erleben den Vorgang auf meilenweit verschiedene Weise: ich habe meine Konturen verloren, den inneren Zusammenhang; meine inneren Vorgänge sind entgleist durch den Zusammenprall von zwei verschiedenen Zeitsystemen; sie hat mir ruhig zugesehen, wie mich der Schlaf überkommt. Noch vergesse ich immer wieder, oder kann es nicht fassen, daß ich *für sie fühle*, daß sie mich mit Zauberkraft vorausschickt, in das unwegsame Gelände, das vor ihr liegt. Lange vor ihr läßt sie mich die Kontrolle über mein Inneres verlieren, ich erlebe Auflösung, unendliche Erschöpfung, und statt es zuzulassen, hadere ich mit mir, erzwinge eine falsche Ordnung, klammere mich ans Verstehen, gebe Deutungen, manchmal erhellend, öfter nur als Halt für mich selbst. Wenn ich schlafe, scheint sie mich als Person wahrzunehmen. »Ich sehe es gern, wenn Sie schlafen, es ist dann so ruhig, und ich fühle mich sicher.« Es geschehen Dinge, von denen ich weiß, daß ich sie ungern Kollegen erzählen würde. Sie kann ihr Innenleben stillstehen lassen. Totstellreflexe kenne ich von Käfern. Sie sind dann unerreichbar. Langsam gewöhne ich mich daran, daß in meiner unmittelbaren Nähe jemand innerlich regungslos wird. Es ist das Ende von Kommunikation. Ich fühle mich unendlich einsam, weil ich mit einem mich anstarrenden Scheinlebendigen zusammen bin. Ich muß aufstehen und mir Kaffee holen. Meine Möglichkeiten, mich auf jemanden zu beziehen, hängen im Leeren. Ich spüre, daß ich nicht anders kann, als mich auf sie zu beziehen, und pralle doch ab. Die Lebendigkeit wird zur unerträglichen Last, die alle inneren Gefäße sprengen will. Es gibt in mir keinen Ort mehr, um mein Lebendigsein unterzubringen, abfließen zu lassen. Ich kann mich aber auch nicht trennen, weil ich mich von dem Blick umklammert fühle. Noch immer kämpfe ich ums Verstehen, versuche, sie mit Worten zu erreichen, sie klingen künstlich, gepreßt, ich weiß doch, daß sie gar nicht in der Lage ist, Worte als Worte zu hören, und wenn sie sie hörte, wären sie ja wie Geschosse, wie Schlingen, ich würde sie anketten an meinen

Rhythmus. In der Not esse ich vor ihren Augen zwei Tafeln Schokolade, wie ein Kind nur noch auf das Kauen und den Genuß konzentriert. Langsam, sehr langsam wächst die innere Rechtfertigung nach: ich darf für mich selber sorgen, ich lasse sie zuschauen, wie ich mich am Leben, am Atmen, am Gedeihen erhalte.

SIE Endlich ist er eingeschlafen. Es war anstrengend, ihn niederzuzwingen. Er ist fast so stark wie ich. Ob die gleiche Angst ihn wach gehalten hat wie manche Narkosepatienten, die den Augenblick des Hinübergleitens mit letzter Kraft hinauszuzögern verstehen, weil sie fürchten, die Welt falle auseinander, wenn sie sich anheimgeben? Er wacht wieder auf und scheint beschämt. Dabei fühle ich mich ihm nah. Ich sehe ihm zu, wie er beschämt ist. Wie kann man Beschämung ertragen? Behält er einen Teil seiner Würde? Ist er im Schlafen und im Wachen der gleiche? Erkennt er mich wieder? Wie weit versinkt er, wenn er schläft? Geht er in die gleichen Abgründe wie ich?
Es ist beruhigend, daß er seine forschende Haltung nicht verliert. Er glaubt an eine Zukunft des Verstehens. Er sagt: »Das ist dunkel und

trotzdem spannend. Es spielen sich ungewöhnliche Vorgänge zwischen uns ab. Irgendwann wird es einen Sinn ergeben.« Selbst wenn er beschämt ist, stellt er sich neben sich und fragt: »Was ist mit mir los, zwischen uns geschehen Dinge, die wir noch nicht fassen können?« Warum sollte ich ihm helfen? Ich weiß ja selbst nicht, was geschieht, und wenn mir eine Erinnerung dämmert, schiebe ich sie weg, ziehe sie hinter eine Nebelbank, es funktioniert wie im Märchenbuch, wo ein kleines Mädchen die Wolken verschiebt, wie es ihm gefällt, um sich unsichtbar zu machen. Immer deutlicher wird mir, daß ich doch eine Hexe bin, mit heimlichen Zauberkräften, und wen ich liebe, der ist mir vielleicht verfallen. Es geht darum, wer Macht über wen bekommt, aber daß es ein Kampf ist, darf niemals zutage treten. Mächtig bin ich nur, wenn ich mich ganz still verhalte, wenn ich die Zeit unter Kontrolle bekomme. Noch darf ich selbst es nicht wissen. Es geschieht außerhalb von mir, sonst wäre es keine Magie. Wir können den Geistern, die uns zu Hilfe eilen, nicht befehlen; wir können uns nur gut mit ihnen stellen. Er weiß nicht, daß ich mit meinen Geistern spreche, wenn ich durch ihn hindurchschaue. Das einzige, was ich tun kann, ist: ihn

immer wieder fragen, ob er an Hexen und Gespenster glaube. Er versucht, verwirrt, gefangen im Netz des Verstehens und Deutens, den Sinn der Frage zu erhellen, eine Gemeinsamkeit herzustellen. Ich frage so, daß er meint, ich suchte eine Gemeinsamkeit mit ihm, und das ist die halbe Wahrheit: es wäre schön, wir beide wären gespensterkundig und würden uns zusammen in einem für die Anderen nicht sichtbaren Reich bewegen. Die andere Hälfte ist: noch ist er mir zu wenig vertraut, als daß ich ihm meine halb vor mir selbst verborgenen Geheimnisse mitteilen möchte. Weiß man denn, ob er mir meine geheimsten Waffen des Überlebens nicht rauben will, mit seinem erschreckend klugen Kopf, und mir die Märchenwelt durch kluge Sätze und, noch schlimmer, durch Gefühle ersetzen will, Gefühle, die ich doch austreiben möchte, weil sie sonst in mir hausen wie übermächtige Krankheiten. Gefühle sind wie Anfälle, die mich den Anderen ausliefern, die mit mir spielen, mich überschwemmen, als sei ich ein treibendes Stück Holz.
Meine Macht liegt in der Verwirrung, die ich stifte. Kobolde und Hexen, die erkennbar sind, verlieren ihre Macht. Und solche, die sich zu erkennen geben, werden schwer gestraft im

Reich der Zauberei. Ich mache ihn oft verlegen mit der Frage, ob er an Gespenster glaube. Denn immer verfehlt er eine Hälfte von mir, egal wie er antwortet, und je geschickter er fragt, was das Thema für mich bedeute, desto schneller bin ich im wogenden Nebel verschwunden. Noch ahnt er nicht, der Gute, der Arme, der unermüdliche Tor, daß mein Platz auf der Schwelle ist, und je nachdem, von welcher Seite er kommt, verschwinde ich auf der anderen und lasse nur die Maske zurück, an der er herumrätselt, bis sie ihm vor die Füße fällt. Er kann Enttäuschung schlecht verbergen. Ich kenne jede Regung in seinem Gesicht, jede Verfärbung der Stimme. Seltsam ist nur, daß meine Triumphe immer bitterer werden. Im Traum neulich hat er mich gerettet vor bösen Gestalten, die in mein Haus eindrangen. Weil eine Pause bevorstand, habe ich ihm den Traum erzählt, zum Trost und damit er nicht aufgibt. Ich weiß inzwischen, welche meiner Zeichen seine Zuversicht nähren, um keinen Preis will ich, daß er die Zuversicht verliert.

ER Nur selten bekomme ich das verlorengegangene Kind zu Gesicht. Manchmal, aus der

Ferne, am Telefon, scheint es zu sprechen, wenn die erwachsene Frau mitten aus wichtigen Geschäften anruft und einen Termin verlegen muß. Dann schwingt ein Bedauern, eine Sehnsucht in der Stimme, die ich fühlen, aber nicht wissen, und schon gar nicht erwähnen darf: ein Vogel auf wippendem Ast, immer zum Abflug bereit, wenn der Beobachter, auch der liebende, beim Spähen eine beunruhigende Bewegung macht. An der Macht, am Verwirr- und Versteckspiel kann ich das Kind in der Gestalt des Kobolds erkennen. Noch ist es verzaubert, in eine schillernde, oft auch erdfarbene Verkleidung, manchmal einer trägen, böse blickenden Erdkröte gleich, geduckt, verächtlich und verachtend, böse über mein deutendes Geraschel und konfrontierendes Getrampel in ihrem Revier; manchmal ein kicherndes Eichhörnchen, das freundlich höhnt: Fang mich, wenn du kannst.

Noch ist nicht deutlich, was ich bieten muß, um dem verborgenen Kind den Übergang, das Erscheinen im Reich der Gefühle und der Menschen, schmackhaft zu machen. Aus der Fähigkeit, sich zu spalten, sich Gliedmaßen auszureißen, hat Rumpelstilzchen seine Kunst des Überlebens gemacht. Es ahnt inzwischen, wir ahnen, welche Abgründe an Mißtrauen zu durchqueren sind, die Deponien an seelischem Giftmüll, den es erschreckt oder achtlos in seinen Tiefen hat lagern müssen. Ich nenne mich manchmal, ernsthaft oder im Scherz, die Giftmüllabfuhr, das gibt mir eine auch ihr von Zeit zu Zeit einleuchtende Rolle. Dann aber macht es mich wieder bedrohlich, weil sie glaubt, die Ablagerungen seien sicher in der Tiefe geborgen und sollten nicht gehoben werden. Sie glaubt, ihr System der Beschwörungen, des Wegsehens, des eisernen Nicht-wahrhaben-Wollens noch so ausbauen zu können, daß sie die inneren Schleusen, die Gewalt über die Fluten, ganz in die Hand bekommt. Manchmal rührt es mich fast zu Tränen, wie sie dagegen ankämpft, ein Mensch zu werden, sich dem Triumph so nahe wähnt, das Menschliche in sich wieder auszutreten. Das lebendige Kind hat sich verschanzt in einem immer wieder unkontrolliert zuckenden Fuß, ihre beschämende Schwachstelle. Ich sage: Ich hätte auch eine Verbindung zu dem, was sich in diesem Zucken anmelde, und deute es als ein Winken aus der Ferne. Aber da ihr das Kind unvertraut ist, da sie fürchtet, es könne ein Monstrum sein, böse und häßlich, daß ich es sofort wegschicken würde, und meine Vorfreude deshalb für leichtsinnig, ja aberwitzig hält, werde ich wieder bedrohlich: weil ich Kontakt halte zu etwas so Unerwünschtem in ihr. Das Zucken des Fußes ist ansteckend in seiner unkontrollierbaren Lebendigkeit. Oft kann ich mich nicht beherrschen anzudeuten, daß ich es sehe, ja sogar, es nachzuahmen; es ist so drastisch unübersehbar und macht sie doch so wütend. Am versöhnlichsten wirkt der Satz: »Mir winkt ein noch unbekanntes Wesen, das mal näher, mal ferner ist und das darauf wartet, wann es kommen darf.« Es gibt ein zweites Zentrum grüßender, manchmal bacchantischer Lebendigkeit, das sie mit unwirschen Gesten zum Schweigen zu bringen sucht: die gurgelnden Eingeweide, ein Kontrapunkt zu unserem Verwirrspiel, die auf alle möglichen kleinen Szenen, in denen ein WIR sich bilden will, mit einem Konzert antworten. Der Körper ist ihr die Last, der Verräter, der Schmerzbereiter, das Ungeordnete, ewig die innere Form Wechselnde, ein anderer, fremder Kobold, den in Schach zu halten sie viel Lebenskraft verbraucht. Sie hüllt ihn meist in Sack und Asche; wenn ich mit leichtem Lächeln sie in einer helleren Bluse begrüße, die verrät, daß das flüchtige Kind ein Mädchen werden will, und wenn sie dann meint, ich sähe zuviel Botschaft darin, zuviel Zukunftsmusik in der Kleidung, dann kommt sie in den nächsten Tagen wieder erdfarben, die Bewegungen sind wieder hölzern, der Händedruck matt und mechanisch, das Lächeln Kleingeld oder gar Falschgeld zum Abspeisen zudringlicher Gaffer.

SIE Mein einziger, wirklicher Freund ist die Sonne. Darum liebe ich ein fernes Land, in dem sie fast nie von Wolken verhangen ist. Dort teilen stille Menschen einer anderen Rasse meine Gewißheit, daß man mit Geistern verkehren kann und daß sich die Geister durch klug gewählte Gaben versöhnen lassen. Mit ihnen still am Feuer sitzen, ihren geheimnisvollen Bräuchen zusehen, die bedeutungsvollen Rufe unbekannter Vögel hören, den Zwang, die Arbeit, die Menschen und ach, die verquälten, die demütigenden Bindungen und Verstrickungen vergessen, die Last der täglichen Niederlagen, das macht mich ruhig. Nie habe ich, wie die anderen Kinder in Kindergarten und Schule, unter dem Zwang des Lernens meine Fähigkeit aufgegeben, mich tagträumend in andere Gegenden zu versetzen, und seit ich dieses Land kenne, breche ich, wann immer ich will, wann immer die Spannung unerträglich wird, auf in jenes Land. Mit Gewalt kann mich keiner zurückhalten. Die Lehrer wurden böse bis zur Quälerei, wenn ich durch sie hindurchgeschaut habe, wenn ich sie zum Spuk erstarren ließ, der mich nicht mehr erreichte. Der Andere auf seinem Thron macht mich, gegen meinen Willen, aufmerksam, daß mein Gesicht dann schwer erträgliche Verachtung bekundet.

Manchmal, ganz kurz nur, kann ich die Erschütterung ertragen: was ich in Anderen anrichte, wenn ich mich wegretten will in meine andere Welt. Es scheint unerträglich für nahestehende Menschen, wenn man sie nicht mehr wahrnimmt, durch sie hindurchschaut. Und wenn nun die Verachtung auf meinem Gesicht noch ablesbar wäre, wenn meine Tarnung tatsächlich den Anschein kalter Arroganz hätte und wenn diese kalte Arroganz tatsächlich ein Teil von mir wäre, für den ich Verantwortung trage? Ich will es nicht wissen. Ich hasse den thronenden Aufspürer und Deuter. Wenigstens straft er nicht. Er sagt: »Wenn ich jetzt Ihr Lehrer wäre und nichts über Sie wüßte und

wenn ich wollte, daß Sie mich wahrnehmen und etwas von mir lernen, dann würde mich der Ausdruck auf Ihrem Gesicht wohl tief treffen. Aber vielleicht wüßte ich auch nicht einmal, was mich trifft und böse macht. Denn man traut einem Kind diese tiefe, vernichtende Verachtung nicht zu, und es ist auch schwer, Sie darauf anzusprechen, sie scheint Ihnen nicht einmal ganz zurechenbar.«
In dieser Form klingt es erträglich. Nichts war zu Hause strenger verboten als Verachtung. Und trotzdem ist die Verachtung meine Zuflucht, meine feste Burg. Ich werde mir immer unheimlicher.

ER Tage und Wochen, in wiederkehrenden Phasen, die ganz mit wütender, haßerfüllter Empörung vergehen. Du kommst und zitterst vor Empörung, die mich ratlos macht. Die ganze Welt scheint gegen dich verschworen. Eine Weile kann ich es nachfühlen, doch es wird schwierig, wenn du unauffindbar wirst im Meer der Wut über das, was dir angetan wird. Lange versuche ich, das Ausmaß des Gefühls, daß die Welt dir übel gesonnen ist, mit früheren Erlebnissen in Zusammenhang zu bringen.

Doch du willst nichts wissen davon. Noch haben wir keine Form gefunden, das täglich von außen und von innen auf dich Einstürmende mit deiner Geschichte zu verknüpfen. Der Direktor deiner Schule, der dir, wenn auch anspruchsvoll väterlich, wohlgesonnen scheint, wird von einem zum anderen Tag ein böser Verfolger, der dich ausbeutet, mißachtet, gegen andere ausspielt. Seine Fragen nach deinem Befinden verkehren sich in hinterhältiges Eindringen, in berechnendes Aushorchen. Die schwierigen, behinderten, kranken Kinder, die dir anvertraut sind, verwandeln sich in Quälgeister, anklammernd, nörgelig, blutsaugerisch. Du siehst die Gier, den Haß, das Bedürfnis nach Anklammerung und Klage wie in einem vergröbernden Zerrspiegel. Menschen, Klienten, in denen sich, ohne daß du es wahrhaben willst, Züge deiner selbst widerspiegeln, verfolgst du mit unversöhnlichem Haß, vielmehr, der Haß verfolgt dich, du bist ausgefüllt davon, das Gefäß läuft über, der Raum scheint zu klein, um den Haß aufzufangen. Du kannst die Überschwemmung, die Verbindung zwischen deinem noch schwachen Ich und diesen Fluten von Empörung nur aushalten, wenn du dich identifizierst mit dem Haß, wenn du, um ihm Sinn zu geben, ein Weltbild entwirfst von der Schlechtigkeit der Menschen, ein Bild von Lug, Trug, Falschheit und Hohn. In solchen Phasen gehst du mir fast verloren, ich sehe dich versinken, wegtreiben. Jeder Versuch einer Verknüpfung erscheint dir dann wie ein verräterisches Paktieren mit dem Feind. Du wirfst mir vor, daß ich alle anderen besser verstehe als dich. Nur langsam verstehe ich, daß du bei mir einfach überleben willst, wenn Lawinen von Giftmüll den Raum überschwemmen, du phantasierst, die Vernichtung der Welt allein könnte dir Linderung bringen. Du möchtest mich als Bundesgenossen, und du wünschst doch, mein Kopf könnte eben noch über die Wogen hinausragen. Du kommst mir verrückt vor, und du äußerst es auch, in plötzlicher, von Panik getränkter Befürchtung. Du fragst mich unumwunden, rasche, ehrliche, endgültige Antwort fordernd. Fast wäre es dir eine Erleichterung zu hören: ja, du bist verrückt, denn dann hätten wir nicht die unendlich scheinende Arbeit vor uns, all dies zu sichten, es in immer zu klein erscheinenden Mengen ins Mosaik deiner Geschichte einzufügen, die du noch immer hartnäckig leugnen möchtest. Manche Personen kommen dir in unmenschlichem Maße böse vor, unrettbar, unverstehbar, wie von der Natur als Monster geschaffen. Du willst verstehen, und wenn ich dabei helfe, bin ich schon gegen dich; wenn ich von Motiven spreche, dringe ich schon ein in deinen umpanzerten Raum der Gefühle. Die Kluft zwischen dem, was du außen siehst als Verworfenheit, und dem, was du selbst anrichten möchtest aus noch unbenennbarer Verletzung heraus, ist oft schwer zu ertragen. Ich bin allein mit meinen Ahnungen, und sie vorsichtig zu formulieren bedeutet schon einen Einbruch in dein Inneres in schlimmer Absicht: du fühlst dich unendlich beschuldigt. Dein eigenes, mörderisches Nein zu dir selbst wird unerträglich, wenn du etwas davon in meiner Stimme zu hören glaubst. Oft bleibe ich zurück mit einer Wut im Leib, die sich erst nach Stunden legt, und du gehst ruhiger weg. Ich nehme es auf mich, verstehe allmählich, daß dies die einzige Form ist, sie dir tragen zu helfen. Manchmal werde ich selbst paranoid, fühle mich bis an die Grenze des Handelns aufgerufen, rettend in deine entsetzlich scheinende Welt einzugreifen, ich fühle mich als naiver Tor, der vielleicht nur noch nicht weiß, wie schlecht die Welt ist, in der du leben mußt, einer, der frevelhaft ruhig in seinem Sprechzimmer sitzt und verstehen will, während um dich herum die Welt in einem Strudel von Intrigen, Verrat und Ausbeutung versinkt. Wir leben vorübergehend nicht mehr in der gleichen Wirklichkeit. Ich rette mich in den Pausen zu den Kollegen im Haus und lasse mich zurückholen, aus der Hölle auf die Erde.

Du bist tatsächlich in der Lage, die schäbigsten Seiten vieler Menschen zum Vorschein zu bringen. Unendlich viel Kleinarbeit braucht es, um dir deine dir selbst noch verborgenen Provokationen vor Augen zu führen: kleine, vernichtende Nebensätze, jener schon vertrautere Ausdruck einer Verachtung, die endgültig scheint, schwer erkennbare Unterstellungen, die, für den Anderen ebenso unerkennbar, zu wirklichem Rachebedürfnis führen. Manchmal habe ich Angst um die dir anvertrauten Schützlinge: du sprichst erbarmungslos von Verreckenlassen, und gerade die, denen du den Tod wünschst, klammern sich an dich und suchen dein vergiftetes Herz durch Geschenke zu gewinnen. Du würdest sie am liebsten von dir abkratzen wie lästiges Ungeziefer. Es ist schwer, dich in solchen Phasen zu mögen. Nur die Gewißheit, daß du dich weit stärker verabscheust, ja, daß du dich aufgegeben hast als moralische, der Einfühlung fähige Person, mildert den Schrecken. Den Teufel zur Tochter haben ist ein merkwürdiges Gefühl. Nicht, daß mir dein elementarer Haß samt dem um nichts mehr besorgten Vernichtungswillen fremd wäre: nur das Ausmaß und die Dauer sind vorübergehend entsetzlich. Es ist ein Haß, für den es, scheinbar, kein Subjekt mehr gibt und der, weil abgetrennt von den frühen Motiven, nur durch ein absurdes Weltbild krampfhaft einen manchmal sogar ekelerregenden Sinn, eine verquere Berechtigung zu bekommen scheint. Die guten Dinge zwischen uns zerfallen, sie wirken armselig, lächerlich, sind trügerische Inselchen des Kitsches im Dschungel des Kampfes aller gegen alle.

SIE Wenn nur dieser Haß das Haus und das Zimmer meiner regelmäßigen Besuche verschont. Zwar rätsle ich unablässig an seinen Motiven herum: immer in Angst, meine Verachtung dafür, daß er sich so intensiv mit mir beschäftigt, könnte fühlbar werden, die Luft schwängern, und er könnte erbost und enttäuscht aufgeben. Die ersten paar Minuten jeder Stunde verbringe ich, regungslos, mit der Prüfung seines Gesichts: ist die unbekannte, drohende, alles in Frage stellende Veränderung eingetreten? Ist seine Freundlichkeit Maske, hinter der der Groll wächst, die Resignation, vielleicht sogar der Haß? Warum sollte er mich nicht hassen, wo die Ernte, die er erhoffen muß, so karg bleibt? Ich hasse ihn manchmal wegen meiner wachsenden Abhängigkeit, die mich erschreckt. Aber noch ist es nicht der gleiche Haß, mit dem ich einige mir nahestehende Menschen verfolge, oder gar meinen getrennt lebenden Mann, von dem ich mich mit ähnlicher Unerbittlichkeit und Erbarmungslosigkeit verfolgt fühle. Mein Bewußtsein funktioniert so präzise wie ein wogendes Nebelmeer: Gedanken und Gefühle erscheinen kurz, wie unberechenbare Aufhellungen, öfter noch wie plötzliche Verdüsterungen. Manchmal öffne ich schon den Mund und hole Atem, um einen Gedanken zu formulieren. Ich sehe, wie er aufmerksam wird, wenn ich Luft einziehe fürs Sprechen, aber Hunderte von Malen bleibt es beim Anlauf, beim Versuch. Dann ist plötzlich alles leer, dunkel, nur eine diffuse Angst bleibt, und die Beschämung: ich habe wieder ins Leere gegriffen, vergeblich sein intensives Aufmerken in Gang gesetzt. Natürlich ahne ich auch etwas

Bösartiges in diesen vergeblichen Ansätzen, ein Locken, Ködern, ein fast zwanghaftes Enttäuschen-Müssen. Ich bin bockig bis zur Versteinerung, wenn er dies ergründen will: daß hinter dem plötzlichen Nicht-Können auch eine Spur von Quälen steckt. Erleichtert spüre ich, wie er allmählich nicht mehr deutet, sondern fragt: »Ist es diesmal eher wie ein Nichtkönnen oder wie ein Nichtwollen?« Nach endlosen Versuchen, nach vielen Ausflüchten, lasse ich mich ein auf die Möglichkeit, daß ich die Vergeblichkeit seines Bemühens auch genieße, bitter die Macht der Verneinung auskoste. In kleinen, oft kleinsten Mengen kann ich ertragen, daß ich auch gegen ihn böse sein will, ja mehr noch, ich will immer wieder spüren, wie weit ich gehen kann in meiner Fähigkeit, ein Ekel, ein Biest, eine Hexe zu sein, eine erbitterte weibliche Verwandte von Rübezahl, die sehen muß, wie der Andere, der doch auf der Suche nach mir ist, sich in Qualen windet und doch nicht abläßt mit seiner Suche. Ich halte die Grenze zwischen dumpfem Nichtkönnen und scharf beobachtendem Quälen für mich selbst im dunkeln. Erst Monate später kann ich einräumen, wenn der Boden zwischen uns schon viel fester ist, daß ich damals, als er sich Kaffee machen mußte oder so unruhig war in seinem Stuhl, bis an die Grenze gehen wollte; daß in seinem Bild vom Tierexperiment, in dem er unter fast unmenschlicher Beobachtung sich fühlte, viel Wahrheit war, die ich, als er sie aussprach, gar nicht ertragen hätte.

ER Welches Aufatmen, wenn sie gestehen kann, daß sie mich ab und zu quälen muß, um das Band zu prüfen, das uns verbindet. Dann wächst die Geduld, auch ihr Nicht-Können wieder gelassen zu sehen, die Qual, Gedanken immer nur beinahe fassen zu können, mitten im Atemzug sich schon wieder ohnmächtig, von der eigenen Hilflosigkeit genarrt zu wissen. Nur ab und zu kann ich wirklich fassen, in welchem Ausmaß sie sich verachtet, insgeheim malträtiert. Einmal, erschöpft, irre ich mich in der Zeit und beende die Stunde 20 Minuten zu früh. Sie geht wort-, willen- und widerstandslos, obwohl ihr der Irrtum fühlbar sein mußte. Ein andermal klingelt ein Mitpatient zur falschen Zeit, ich sage, ich müsse einen Augenblick hinaus, und als ich nach einer halben Minute zurückkomme, finde ich sie bereit zu gehen, als ob ihr Raum und Zeit nicht mehr

gehörten. Sie ist dann fügsam vernünftig, unterwürfig, resigniert, aber kühl gefaßt, ja rechtlos in einem Maß, das ich nicht für möglich gehalten hätte. Gut eineinhalb Jahre dauert es, bis sie beanspruchen kann, die Stunde ganz für sich zu haben, meine Aufmerksamkeit nicht teilen zu müssen, eine Stundenabsage mit einem Gefühl mitteilbaren Ärgers zu verbinden. Alles erscheint ihr von Stunde zu Stunde kündbar, ohne Vorwarnung, als das plötzliche, nicht zu begründende Nein, das alles Bisherige zum Irrtum, zum Mißverständnis oder zum aussichtslosen Versuch erklärt.
Veränderungen meines Äußeren sind irritierend, wenn nicht ängstigend. Wenn ich die Zigarette mit einem Feuerzeug statt mit dem gewohnten Streichholz anzünde, kann dies schon ein Zeichen für etwas Unangenehmes – vielleicht Schlimmes sein. Dazwischen blitzt Humor auf, eine Ironie, wie sie nur aus liebevoller, langer und minutiöser Beobachtung kommen kann. Gegen Ironie von meiner Seite hat sie zuerst mit Versteinerung, später mit lange hinausgezögertem Protest reagiert. Obwohl sie ein intelligenter, erwachsener Mensch ist, war Ironie lange Zeit doch die unmittelbare Bedrohung eines fast wehrlosen Wesens. Ich

verstehe nur langsam, daß Ironie für jemanden, der sich so unendlich über sich selber schämt, unmittelbarer Schmerz sein kann, der nur den Rückzug offenläßt ins Niemandsland, wo ich, der Verletzende, als Person in fühlbarer Nähe, verleugnet, vernebelt, ausgelöscht werde.

Aber noch sind wir lange nicht beim Sprechen, beim Schrittesetzen im Dialog. Wir ertragen einander, geben Zeichen unterschiedlich starker Anwesenheit. Die Kündbarkeit besteht auch, zumindest für Wochen, manchmal sogar für ganze Monate, auf ihrer Seite. Ohne Vorankündigung kann sie mitteilen, sie sei von der nächsten Woche an verreist oder müsse die vier Wochen vor meinen Ferien eine erkrankte Kollegin an einer anderen Behindertenschule vertreten. Sie erlebt meine Überraschung, mein Bedauern und auch die spontanen Anzeichen einer Wut, die ich erst einige Minuten walten lassen muß, um dann zu verstehen, zwiespältig: als ob *ich* der Anklammernde, der Feind ihrer Autonomie sei; als ob ich ihr die Freiheit nicht gönnte; aber ich bin auch jemand, der um die Kontinuität, das tägliche Wiedersehen trauert, jemand, der sie wirklich vermißt. Nur mühsam mache ich mir deutlich, daß sie erst in solchen Momenten, wo mich die eigenen Empfindungen sichtbar für eine Weile bedrängen, fühlt; daß sie *wirklich* für mich ist und in mir einen Raum hat, der nicht von einem Tag auf den anderen zuwächst.

SIE Zunehmend deutlicher weiß ich, daß er »die neue Wirklichkeit« für mich ist. Nichts würde mich sonst hindern, alles stehen- und liegenzulassen und mich in das ferne Land abzusetzen. Meinen Haß, mein Quälen, mein Unvermögen, meine inneren Abwesenheiten erträgt er. Viel tiefer sind die Zweifel, ob er meine vorsichtige Annäherung erträgt, meine wachsende Zuneigung. Er dringt in mein Leben ein, oft unvermutet, im Auto, im Schlaf, in der Schlaflosigkeit, wie eine Überrumpelung, ein übermächtiger innerer Gast, der so ungebeten kommen kann, daß es mich schaudert. Dafür kann ich ihn anklagen. Aber ich fange auch an, ihn selbst herbeizuzaubern wie einen tröstenden Geist, den ich scheu berühren kann. Er weiß es nicht, wie oft ich ihn beschwöre, mich an ihn kuschle, und ich fürchte plötzliche Zurückweisung, ja Strafe für meinen heimlichen Umgang. Vieles muß ich verheimlichen. Es war mühsam, ihn so weit zu bringen, mich nicht zu drängen. Endlich habe ich verstanden, daß er mich ertragen kann auch als jemanden, der viele Geheimnisse hat, der Bereiche braucht, in die er nicht sehen kann. Dabei bin ich fest überzeugt, daß er ohnehin alles weiß und immer nur Bruchteile dessen sagt, was er längst erkannt hat. Er kann Gedanken lesen und ist mit dem Teufel im Bund. Das macht uns verwandt, diese Nähe zum Teufel und seinen vielfältigen Raffinessen. Wie oft habe ich inzwischen WIR gesagt? Er hat mich angesteckt mit seiner unerschütterlichen Solidarität. Ich habe keinen Ausdruck für ihn. Am ehesten »der auf dem Thron«, manchmal vielleicht, ganz leise gesprochen, »das große Arschloch«, oder eben: sein Name, kalt, distanziert, oder mit Schaudern betont. Ich bin immer bemüht, die Stimme unter Kontrolle zu halten, wenn sein Name fällt. Er ist widerlich zäh in seinen Versuchen, die immer wieder auftauchenden andächtigen Stimmungen, worin der Raum zur Kapelle wird, anzusprechen. Ich will und will nicht von Gott reden. Er war zu schrecklich, ein böser Erziehergott, einschüchternd, unbarmherzig in mein Herz blickend. Aber dann wird es unabweisbar, daß ich leibhaftig einen Heiligenschein, eine Aura um ihn herum sehe, und ich kann es nicht fassen, daß er sie nicht selbst sieht und spürt, wo ich doch so klar ihre Konturen sehe.

Ich habe zwei vollkommen getrennte Bilder von Gott: ein gütiger, der mich schützend und wohlwollend begleitet, den ich ganz für mich allein habe, der fast wie ein Schmusetier ist, ein seelisches; und der andere, der diesen Schmusegott langsam, aber unerbittlich, in dem Maß, wie die Erziehung fortschreitet, überdeckt: drohend, kontrollierend, mit nichtendendem Mißtrauen gegen mich ausgestattet, einer, der sich von Anfang an gegen mich entschieden hat. Denn ich war als Kind immer unendlich viel schlimmer, als er es ertragen konnte. Zuviel darf er nicht wissen, und die Großmutter lehrt: Er weiß es doch, denn er sieht sogar deine Gedanken und Gefühle. Und wenn ich diese Gedanken und Gefühle selbst nicht kenne? Das gibt es nicht, sagt die Großmutter. Es gelingt mir aber trotzdem, mein Inneres vor mir selbst und also auch vor Gott zu verstecken.

ER Einige Wochen lang kommst du, und wir stoßen auf viel Verwirrung beim Thema Tür und Schwelle. Die Haustür erscheint dir immer wieder abweisend. Es gehen unverständliche, bedrohliche Zeichen von ihr aus. Die Haustür, da bist du dir sicher, ist der Sitz einer Hexe. Oder aber es herrschen im Haus unverständliche, absurde Gesetze. Du grübelst nach dem Sinn der von einem Tag zum anderen verschobenen Fußmatte. Du verlangst Erklärungen von mir, die dich beruhigen könnten. Ich bin verlegen, weil ich weiß, es ist die Putzfrau, oder die vielen Besucher, die sie verschieben, aber das würde dir nicht helfen. Du magst mir auch deine Phantasien nicht mitteilen, weil mir das zuviel Einblick gäbe in das System deiner Befürchtungen. Die Fußmatte wird zum Symbol für die Absurdität der Welt. Daß hinter der Windfangtür eine zweite Fußmatte liegt, oft schräg, oder so, daß der Eintretende, für den sie doch gedacht ist, sie gar nicht bemerken kann, läßt dich auf geheimnisvolle, gezielte und zu deiner Verwirrung zubereitete Botschaften schließen. Die Welt wird dir ganz und gar unverständlich, und es erschreckt dich, daß ich, der ich, falls der Schein nicht trügt, und er kann täglich und stündlich trügen, freundlich erscheine, in diesem Spukhaus arbeite.

So hältst du vermutlich, um dich, um mich, um uns zu schützen, das Bedrohliche, das Groteske, das Absurde in unserer Beziehung von mir fern. Auf der unteren Schwelle scheint der Teufel sein Zeichen eingeritzt zu haben. Du findest es unbegreiflich und dich in einer schlimmen Weise von mir isolierend, welch banale Erklärung ich für den Hexentanz der Fußmatte finde. Nicht, daß ich sie dir aufschwatzen wollte. Ich weiß, daß du deine Sorgen nicht um inhaltsleere Themen kreisen läßt. Die Fußmatte ist eine Schleuse, der dein Inneres mißtraut; für dich ist sie ein Teufelsobjekt zwischen Haustür und Windfangtür. Und das Reich zwischen den Türen ist das Reich der Schutzlosigkeit. Beide Türen könnten gleichzeitig zuschnappen, und du wärst unrettbar gefangen und könntest nach keiner Seite hin mehr entweichen: weder in Panik fliehen noch dich zu mir flüchten. Du wärst also gefangen in der Ambivalenz, die dich zerreißt. Aber wie fremdartig klingt dieser Ausdruck, wo du noch so fern davon bist, diese inneren Kräfte überhaupt als von dir ausgehende Kräfte wahrzunehmen. Du fühlst dich höheren Mächten ausgeliefert und hoffst, daß ich mit ihnen in einem guten Bunde stehe, daß ich ihr Verwirrspiel nicht mitspiele. Lasse ich mich wieder auf eine »realistische« Erklärung ein, rücken wir sofort auseinander in eine Wissende und einen Blinden, der die dunklen Mächte nicht kennt oder sträflich leugnet. Es ist dir ganz selbstverständlich, daß alles auf dich bezogen scheint, und unfaßlich, daß hier Menschen aus und ein gehen und nicht erschrocken nach Aufklärung und Ordnung rufen.

Später verlagert sich die Gefahrenschwelle viel näher an mein Zimmer. Die unvermeidlich knarrende Treppe übernimmt das Amt des Botschaften-Rauners. Und dann sind wir bald auf dem neuen Schlachtfeld der Verwirrung, des Zweifels, der Hexerei: meine Doppeltür. Sie ist für dich gebaut nach dem geheimen Prinzip einer Patientenfalle: schlügen beide Flügel zu, dann wärst du für ewig eingemauert. Sind beide zu, aus Versehen oder weil der Patient vor dir sie sorgfältig zuzog, wie um mich sicher für die nächste Stunde einzuschließen, so erscheint sie dir als kaum zu überwindende, feindliche Mauer, die wir nur in gemeinsamer schwerer Anstrengung öffnen können. Aber da ist dieser Verdacht, daß sie doch nicht zufällig doppelt verschlossen ist. Auch ich, so nimmst du an, habe ein Unbewußtes, und ich könnte sie schließen, weil ich dich heute nicht sehen will, vielleicht nicht ertragen kann, deine wachsende Zuneigung fürchte, oder vieles andere. Du läßt dir keine Antworten entlocken, ich bin aufs Raten, auf das Erfassen der Stimmung, der Schwankungen deiner Stimme, der Lückenlosigkeit deines Lauerns oder Schauens angewiesen. Die Doppeltür erschwert dir sowohl den Fluchtweg nach draußen wie den Zugang zu mir. Sie ist der Inbegriff des leichtfertig oder bösartig gesetzten Hindernisses auf deinem Lebensweg, halb Sperrmauer, halb lauerndes Labyrinth auf dem engen Bereich der Schwelle, die das Drinnen vom Draußen, den Bereich der Gefühle vom luftigen Bereich der Magie, der Allmacht und der Demütigungen trennt.

SIE Nie weiß ich im voraus, welcher Teil von mir im Zimmer hinter der Doppeltür zum Vorschein kommt. Wenn in der Heimschule wieder jemand eine pädagogische Monstrosität beging, zittere ich beim Eintreten vor Empörung. Nach einer Weile spüre ich, daß er meine klagende Monotonie schlecht ertragen kann. Ich habe sie lange nicht bemerkt. Ich warte immer, wie er reagiert. Er ist allmächtig im Zimmer, aber er handelt nicht. Das ist verwirrend. Sein Abwarten ist grausam. Wenn er nur reden würde. Dann kann ich den Kopf schütteln, nein sagen,

lächeln, zuhören, alles in mich aufnehmen. Sein Warten macht mich starr. Ich schaue ihn dann an, beobachte seine Rituale. Wenn ich *nichts* tue, weiß ich, daß er sich spätestens nach ein paar Minuten eine Zigarette dreht. Dabei ist er abgelenkt, und ich kann genauer sehen, ob seine Bewegungen unruhig, hastig, ungeduldig sind oder ob er das Drehen genießt. Sobald ich ihn so unter Dampf sehe, bin ich etwas ruhiger. Bisher, wenn ich erschöpft war, habe ich es nicht zeigen können. Nur mein Blick scheint starrer, meine Stimme leerer geworden zu sein.
Ich hasse, also bin ich. Wenn ich voller Empörung in die Stunde komme, erreiche ich ihn zwar oft nicht, aber ich spüre, daß ich lebe. Wenn die Erschöpfung zunimmt, bleibt nur noch Leere und die Angst, mich zu verlieren, immer weiter zu schrumpfen. Mitten in mir breitet sich das Loch aus. Oft ist nur noch seine Stimme im Raum lebendig, sonst nichts. Dann weiß ich nicht, wo ich bin. Die letzte Kraft geht im Kampf gegen das Einschlafen verloren. Einschlafen wäre wie Sterben, aber dabei noch immer Ausgeliefertsein. Nur Weinen kommt mir noch schlimmer vor, Weinen ist Zerfall bei lebendigem Bewußtsein, unendliche Scham,

überwältigende Angst vor Spott oder Verachtung.
Den Körper habe ich unter Kontrolle. Keine falsche Bewegung! Wohlgesteuerte, wenn auch mechanische Schritte zum Sessel. Ihn, vor allem beim Hereinkommen, begrüßen, zum Sessel gehen, nicht aus den Augen verlieren! Ich merke es nicht. Er sagt es mir dutzendmal, bis ich es glaube und selbst beobachten kann.
Dabei wird der Drang, im Sessel einfach umzusinken, immer stärker. Die Lider sind kaum noch offenzuhalten. Er ermuntert mich, mich der Erschöpfung zu überlassen. Aber in diesem Zustand zeigt man sich nicht einem fremden Menschen. Wenn ich nun auseinanderfalle oder um mich schlage oder zu schreien anfange, wenn das Band der Selbstkontrolle mich nicht mehr zusammenhält? Wenn ich als breiige Pfütze auf dem Teppich liege? Wenn ich hinterher unfähig bin, auf eigenen Füßen zu stehen? Seinen Vorschlag, mich auf die Couch zu legen, mit der Möglichkeit, ihn gut im Auge zu behalten, überhöre ich lange. Er zeigt mir, wohin er seinen Sessel stellen will. Fast wie eine Wachperson am Krankenbett, oder eine... nein, ich will es nicht sagen... vielleicht eine Tante, oder der Vater, am Bett des Kindes. Der Gedanke

verfolgt mich, beschäftigt mich, fängt an zu locken. Liegen und ihn sehen. Den zuckenden Körper, die gurgelnden Eingeweide vielleicht nicht mehr so wütend kontrollieren zu müssen. Aber das Ausmaß an Wehrlosigkeit erschreckt mich noch lange. Kann man denn scharf beobachten im Liegen?
Liegen bringt vielleicht eine Nähe, die mich auflöst. Aber ich sehe ein: Ich bringe auch andere Menschen in meiner Nähe zum Einschlafen, wenn ich meine inneren Vorgänge anhalte, wenn ich das steinerne Gefühl zulasse. Ich habe ihm lange genug zugeschaut, wie ihm immer wieder die Augen zufielen. Doch nach Minuten schon konnte er erfrischt erwachen und gab der ganzen Stimmung eine unvorhergesehene Wendung. Ich bin nicht mehr so empfindlich, wenn er meine Familie erwähnt. Ich fange an zu begreifen, daß ich hier manches wiederhole, an das es keine bewußte Erinnerung gibt, das man über weite Strecken vielleicht nur erschließen kann.

ER Deine Haltung im Sessel wird immer verkrampfter. Du verknotest deine Beine, kauerst dich immer tiefer in dich hinein, du machst dich

immer kleiner, und ich werde, ohne es zu wollen, mächtiger, fühle mich auch körperlich größer, meine Worte fangen manchmal an zu hallen im Raum, sie gleichen Gongschlägen, überdimensionalen Handlungen, ja, schließlich fühlt sich jedes Wort an wie ein Übergriff. Worte dröhnen, akustisch und in ihrer Bedeutung. Mir wird immer unbehaglicher. Du sitzt vor mir wie ein flauschig-lauerndes Küken: die Augen übernehmen das Wacheschieben, und um dich herum entsteht eine immer weichere, verletzlichere Oberfläche, eine flehende, die zarte Berührung ersehnende Außenhaut. Für kleine Augenblicke ist das Lauern mit den Augen unterbrochen, dann leuchtet eine fragende, scheue Zutraulichkeit auf, die jedesmal einen Strom von Zärtlichkeit auslöst, einen unbedingten Willen, dich zu schützen. Ich bereite mich selbst langsam vor auf die Ankunft des verlorenen Kindes, das sich fast ein Jahr Zeit läßt, um zu erscheinen.
Allmählich erscheint dir selbst die Couch nicht mehr als ein Ort, wo nur Auflösung möglich ist. Die Erschöpfung aus dem Beruf und aus den nie endenden inneren Spannungen legt es dir nahe, ein Ausruhen überhaupt ins Auge zu fassen. Oft schläfst du nicht vor dem Morgen-

grauen ein. In manchen Wochen lebst du nur noch übernächtigt. Die Menschen sind dann nicht mehr wirklich, auch du nicht. Du stehst und schaust dir zu. Du mußt, wenn dieser Zustand dich erreicht, immer eine Schwelle der Angst überschreiten, den qualvollen Augenblick, in dem du spürst, wie du dir abhanden kommst, wie das befremdliche Zuschauen beginnt. Du bist weder ganz Handelnder noch ganz Zuschauender, du bist »dazwischen«, mechanisch lebend, nur noch bemüht, die Anderen deinen Zustand nicht merken zu lassen. Fassungslos stellst du fest, wie leicht sie sich täuschen lassen. Sie nehmen mit deiner Hülle vorlieb und machen dir sogar Komplimente wegen deiner Freundlichkeit. Du weißt nicht mehr, ob du sie verachten oder bedauern sollst. Du weißt nicht mehr, ob du eine Marionette bist oder ob die Anderen Marionetten sind und es nur noch nicht wissen. Du siehst aber auch, daß in manchen eine Lebendigkeit wohnt, die dir fehlt. Das weckt Neid, und der kann so stark brennen, daß du jener inneren Region, wo er schmerzt, die Aufmerksamkeit entziehen mußt; so versinkt sie im Nebel, und du wunderst dich über ein leichtes Ansteigen der Fremdheit unter den Schülern und Kollegen.

Ich muß eine Prüfung bestanden haben, deren Inhalt ich nicht kenne. Du bist bereit zu liegen. Ich phantasiere, du könntest dich zurücksinken lassen, dorthin, wo du verlorengegangen bist, wo du dich hast teilen müssen. Diese Phantasie, der Wunsch, die Hoffnung in mir waren sehr stark, und so habe ich immer wieder ein bißchen gedrängt. Unbeweglich hast du es überhört. Du hast nicht nein gesagt, sondern mir auf ganz stille Weise das Gefühl gegeben, ich hätte wieder einmal etwas Unzumutbares gesagt oder gedacht, und jedesmal blieb Scham zurück, wie ich so grob und uneinfühlsam sein konnte. Und dann geht es auf einmal. Es sieht aus, als wenn ein junger Vogel in vielen kleinen Rucken sich im unbekannten Element der Luft dem Fliegen oder dem Absturz anvertrauen will, er weiß ja vorher nicht, was ihn erwartet, jedenfalls, du machst viele kleine ruckhafte Bewegungen, ich fühle mich noch einmal eine Weile genarrt, gelähmt, zu sinnlosen Ermutigungen aufgerufen, die du dann doch nicht brauchst. Du läßt mich nicht aus den Augen, gehst rückwärts, seitwärts, wie ein Angeschossener, der viel Blut verloren hat, der dem Ende des Kampfs nicht traut und immer noch schußbereit sein will, obwohl er sich doch auf das unbekannte, beängstigende Krankenlager sehnt, wo sich die körperliche Anspannung, das fast automatische Sich-im-Sattel-halten-Können, diese instinktive Wachheit auflösen werden. Ich spüre, daß dein langes Zögern das Hinausschieben einer befürchteten Kapitulation war. Du weißt ja nicht, wie lange ich mich vorbereitet habe. Du rechnest nicht mit Milde, nicht mit einem Aufgefangenwerden, du rechnest mit einer Intensivierung der Gefahr, und nur weil dein Vertrauen gewachsen ist, riskierst du den Absturz, vielleicht tust du es zu einem Gutteil auch nur mir zuliebe, weil du spürst, ich verspreche mir etwas davon.

Auf jeden Fall folgt dem angespannten, verschämten Sich-Niederlassen zunächst nicht Entspannung. Mein inneres Aufatmen stößt sich hart an deiner verschärften Wachheit, an der Intensivierung des Beobachtens, an deinem stechenden Blick, der mir meine eigenen Augen brennen läßt. Ich war ganz unvorbereitet auf diese Fähigkeit, mich auch im Liegen so mit den Augen in Schach zu halten. Wochenlang keine Sekunde des Wegschauens, kein Augenblick der Entspannung. Du hältst dich mit eiserner Kraft an dir selbst fest, und das Zucken des Beines, die unwillkürliche Lebendigkeit einzelner, isolierter Gesichtspartien macht dich natürlich noch unruhiger. Es drängt in dir etwas zum Aufbruch, zum Zappeln, zur chaotischen Bewegtheit, das du noch immer um jeden Preis unter Kontrolle halten willst, weil dies das Unwahrscheinliche ist: von einem anderen Menschen, seinem Blick, seiner Stimme, seiner Einfühlung oder auch nur seiner Gegenwart gehalten zu werden. Ich brauche immer wieder viel Zeit, um hinter dem Ungeduldigwerden, in einer Spannung des Wartens, langsam neue Formen von Angst bei dir zu enträtseln. Und immer wieder muß ich dich bewundern: wieviel sehr frühe Verantwortung du für dich übernommen hast, wie früh du einen fehlenden äußeren, mütterlichen Halt ersetzt hast durch ein inneres Gerüst, auch durch innere Mauern, die dich zwar zerteilen, schief zusammenhalten, dir aber doch Halt geben. Manchmal ist dieses mühsame, Kräfte verzehrende Dich-an-dir-selbst-Festhalten fast zur Identität geworden, und die Couch stellt nicht etwas Auffangendes, Weiches dar, sondern etwas, das dich aufzuweichen droht, aufzulösen in die Formlosigkeit, den Zerfall. Du hast das lebendige Kind in dir verraten müssen, weil die Kräfte gebraucht wurden, um übermäßigen Haß in Schach zu halten oder einen Teil der Person so vom anderen getrennt zu halten, daß beide fast nichts mehr voneinander ahnen: zum Beispiel die Sehnsucht nach einem antwortenden Gesicht. Da muß es eine riesige Angst geben, eben jenen Zustand, der die Aufspaltung erzwungen hat, wiederzuerleben. Es ist, als ob die einzelnen Teile voreinander Angst hätten, obwohl es doch der innere Kern ist, der fürchtet, er könne die Widersprüche nicht aushalten, und sich also im Widerspruch einrichtet, ihn zur dauernden Lebensweise macht. Du scheinst zu befürchten, daß gerade in den Bewegungen des Dich-Niederlegens das Unvorhergesehene eintreten könnte. Du mußt also die angespannte Steifheit einer Gliederpuppe verbinden mit der Beobachtung, ob ich ohne irritierende Impulse ruhig auf meinem Stuhl sitzen bleibe. Und siehe da, nach einer Zeit der Prüfung, deren Regeln nur du kennst – und dir selbst sind sie zunächst auch verborgen –, ist ein Stück Sicherheit erreicht. Du kannst den Blick für ein paar Sekunden, später für Minuten von mir abwenden, und die Angst ist nicht mehr unerträglich, sondern es tritt ein Aufatmen ein, eine entspannte Ruhe, ein Daliegen, das ganz und gar nur noch Liegen, ermattetes Liegen ist in der Nähe eines anderen

Menschen, der stellvertretend für dich die Gespenster in Schach hält, falls sie nicht ohnehin und wie durch ein Wunder einen Augenblick Ruhe geben. Diese länger werdenden Augenblicke, wenn du liegst und ruhst und *bist,* sind Lohn für viele Mühen. Im Raum scheint kein Gift mehr zu sein, ich selbst habe keine imaginären Hörner mehr auf der Stirn, der nächste Patient ist noch weit weg, die Uhr läßt noch Spielraum, ich selbst bin nicht bedrängt von Zielen oder von nicht mitteilbaren Einsichten. Wir *sind.* Und wir sind *zusammen* in einem Raum. Und du überläßt es mir, diese Ruhe vorübergehend für dich zu garantieren. Ich und das Zimmer sind dein Halt, und du zerfällst nicht. Staunend hebst du deine Augen auf zu dem Berge, es kommen biblische Wendungen in mir hoch, und es entsteht eine andächtige Ruhe. Du selbst spürst: Es geschieht etwas Neues, du bist in ein neues Medium eingetaucht, die Substanz im Raum, der du dich überläßt, scheint dich zu tragen. Zunächst bist du erstaunt, wenn ich am Ende der Stunde anrege, ganz langsam aufzustehen. Denn du bist es gewohnt, auf meine Zeichen hin dir einen heftigen Ruck zu geben und von einer Sekunde zur anderen strammzustehen und alles abzuschütteln, was nicht in die andere Wirklichkeit paßt, in die du jetzt gehst. Du lernst langsam, deinem Körper mehr Zeit zu lassen, um auf die Beine zu kommen. Du erträgst das kurze Taumeln, das zögernde Auftreten, den leichten Schwindel, bevor du wieder das Gleichgewicht findest. Denn mit einem unerbittlichen Kommando kannst du ja auch alles wegwischen und wieder funktionieren, als hätte man einen Schalter in dir umgelegt und dich in einen völlig anderen Spannungszustand versetzt. Du erlaubst dir jetzt Übergänge von einem Zustand in den anderen, zwischen dem einen Zustand und dem anderen liegt nun nicht mehr die scharfe Kante eines plötzlichen Nein, sondern es sind lockere Bänder eines möglichen Zusammenhalts. Es ist etwa die Zeit, da du beim Weggehen nicht mehr beide Türen sorgfältig verschließt, wie um mich zu konservieren für die nächste, streng abgegrenzte Stunde. Es erscheint dir möglich, daß das Band erhalten bleibt; daß ich dir einmal nachschaue auf der Treppe; daß Drinnen und Draußen nicht durch einen harten Schnitt auseinandergetrennt werden.

SIE Du tust befremdliche Dinge, statt freundlich regungslos zu sein. Du versteckst dein Gesicht in den Händen, so daß ich nur noch die Handrücken und den Haarschopf sehe. Ich werde sofort unruhig und bitte, flehe: »Das Gesicht soll wieder kommen.« Du nimmst eine Hand weg, es erscheint das halbe Gesicht, aber das ist zuwenig. Ich brauche das ganze Gesicht. Ich kann auch nicht ertragen, wenn du dich wegdrehst auf deinem Drehstuhl. Wenn dir die Augen brennen vom Erwidern meiner forschenden Blicke, dann wende nur wenig das Gesicht ab, damit deine Augen zwar Ruhe haben, ich aber weiterhin dein Gesicht sehe. Gib nicht auf! Es ist etwas Faszinierendes an diesem Spiel mit dem für kurze Zeit versteckten Gesicht. Versuch es mit kürzeren Augenblicken, verhülle dich und erscheine sofort wieder, bevor mir die Angst den Spaß verdirbt: weg – da, weg – da, weg – da, ja, es muß rasch gehen, ja, so ist es nicht beängstigend, nur in winzigen Dosen gruselig und in erträglichem Maß berauschend, wenn das Gesicht wieder erscheint. Ich schaue dir gebannt zu, du bist erfinderisch. Manchmal möchte ich wie bei dem Suchspiel rufen: Warm, oder heiß, immer dann, wenn eine deiner Bewegungen mich ganz nahe an-

rührt, wenn du beim Such- und Findespiel, ganz nahe beim kleinen Kind, das im Gebüsch wartet, vorbeigehst, es streifst, und es schwankt zwischen Versteckthleiben und Erkanntwerden. Eine strenge Stimme in mir sagt immer wieder: Wie kindisch!, und kindisch ist ein schlimmes Wort. Auch du kommst mir kindisch vor, gottseidank aber gleichzeitig ernst und erwachsen, mitten im kurzen, albernen Gelächter. Du findest die stillgelegten Bereiche, wo ich plötzlich Anzeichen von freudiger Aufgeregtheit spüre. Der Körper ist unruhiger denn je, die Hände wollen anfangen zu zappeln und zu winken. Du spreizt die Finger, damit dein Gesicht nicht ganz verlorengeht und ich die Augen noch durchblitzen sehe wie durch Gucklöcher oder Schießscharten, je nachdem ... ich kenne dieses Spiel von Kindern, ja sogar von meinem Kind, aber ich wußte nicht, daß ein so kleines Kind in mir steckt.
Erst als du mich aufmerksam machst, begreife ich allmählich, daß auch ich die Hände vors Gesicht halten könnte. Denn dann muß *ich* ja aktiv sein, Initiative ergreifen, Bewegungen machen, willentlich etwas zu erkennen geben. Es ist eine ungeheure Entdeckung: ich kann dich, wenn ich die Hände vors Gesicht nehme, zum

Verschwinden bringen und dich zurückzaubern. Viel Macht liegt plötzlich in meinen Händen, ungeahnte. Hältst du es aus, daß ich mit den Händen nein sage, dich plötzlich nicht mehr sehe, meine Augen in Dunkelheit tauche oder auch in ein Licht, das dich nicht mehr umgibt? Ich probiere es immer wieder: weg – da, weg – da! und spiele mit den Zeiten, in denen du verschwunden bist. Auch *ich* kann die Finger auseinanderlegen, so daß du, ganz oder geteilt, in den Spalten erscheinst. Hältst du es aus, so in Bruchstücke zu zerfallen? Ich spiele, und doch ist alles sehr ernst. Ich habe dich in Augen und Händen. Ich steuere es, wie nah und wie fern du bist, wie ganz oder wie geteilt. Mit einzelnen Fingern kann ich aus deinem Gesicht Teile wegschneiden. Wie siehst du ohne Ohren und Haare aus? Wie erscheinst du mir ohne Kinn, ohne Mund? Schließlich werde ich immer kühner und wende den Kopf einmal ganz weg. *Ich* wende mich ab von dir, *mein* Hals, der den Kopf dreht, schafft dich weg oder bringt dich zurück. Hältst du es aus, meine Willkür, die plötzlich überschwappende Wut, die ich im Kopfwegdrehen fühle, wenn ich dich beseitige. Hast du Angst, du wärst beschädigt, wenn ich mich abwende? Hast du Risse im Kopf? Ich muß dich wieder mustern und observieren. Bleibst du freundlich, wenn ich dich wegzaubere, freust du dich genausosehr wie ich über die Rückkehr der Augen? Wird es dir bald langweilig? Tust du es ungeduldig oder gar gequält? Geht dir das Kindische nicht doch auf die Nerven? Spielen wir ein Spiel, das uns verbindet und das wir beide genießen, oder greifst du zu therapeutischen Tricks, zerrst du mich auf die schiefe Bahn des Zurücksinkens in totgeglaubte frühe Zeiten, aus denen ich allein den Ausgang nicht mehr finden würde?

Nach einigen Wochen fange ich an, dir zu trauen. Ich lasse ein unbekanntes Lächeln zu. Ich versuche nicht mehr, meine aufgewühlten Eingeweide zum Schweigen zu bringen. Ich lerne zu ertragen, daß du winkst, wenn ich durch die Fingerritzen schaue. Du darfst allerdings die Hand nicht zu weit vom Gesicht weg führen, sonst gehören Gesicht und Hand nicht mehr zusammen, und von einem Augenblick zum anderen wird es unheimlich: du könntest wieder ein böser Geist sein, der mich erschrekken will, indem er zusammengehörende Dinge auseinanderreißt.

In dieser Phase ertrage ich kaum, wenn du Erholungspausen brauchst. Wenn du dir eine

Zigarette drehst, wenden sich deine Augen ab von mir, und ich bin ungeduldig und eifersüchtig und erst wieder ruhig, wenn der Rauch aufsteigt und deine Augen wieder, erfrischt von der Pause, ich weiß, ich weiß, du brauchst Pausen, auf mir ruhen. Meine Finger zucken, ich fürchte, ich springe gleich auf und hüpfe im Zimmer herum, und dann wieder versinke ich in deinen Augen, du nennst es manchmal »trinken«, ich habe nie daran gedacht, daß Augen trinken können, dann liege ich regungslos und still, es ist auch kein Lauern mehr, kein Observieren, sondern du dringst durch die Augen in mich ein, ich stelle das Bild nicht mehr auf den Kopf, ich fürchte nicht mehr so stark die plötzlichen Veränderungen. Ich fange an, dich zu erkennen und mich auf dem bekannten Gesicht, das nicht ständig zerfällt oder neue, irritierende Botschaften produziert, auszuruhen. Ich ruhe auf deinem Gesicht aus. Am besten wäre, wir könnten ganz regungslos verharren. Jede Bewegung ist störend. Ich kann zu Beginn der Stunde kommen und mich völlig leer, erstarrt, ja tot fühlen; dann spielen wir das Augenspiel, und am Schluß gibt es diesen langen ruhigen Blick, dann kehrt etwas, das mir dauernd verlorengeht, zurück in mein Inneres, eine Kontinuität, ein Halt, eine langsam wachsende Zuversicht, daß das Gesicht nicht zerfällt, unerkennbar wird oder auf unerträglich lange Zeit verschwindet. Es ist unheimlich schlimm, aber auch unheimlich schön, wieviel du über mich weißt, wie du dich auskennst in mir. Und du bleibst tatsächlich der gleiche, auch wenn ich in ganz verschiedenen Zuständen zu dir komme. Manchmal, wenn ich fast nur aus Groll und Haß bestehe, wenn ich dich brauche wie eine Klagemauer oder wie einen Mülleimer, Ausdrücke, die du zuerst gebraucht hast und die mich zunächst erschreckt haben, als seist du etwas ganz Furchtbarem auf die Spur gekommen, also, wenn ich dich nicht als Person, sondern nur als großes Ohr brauche, in das ich alles hineinwerfe, dann spüre ich wohl, daß du allein für dich sorgen mußt, ich meine für dein Überleben, dein Wohlbefinden. Ich will dann keinen einzigen Gedanken, nicht die Spur eines Gefühls an dich verwenden müssen, du sollst einfach dasein und dich durch nichts aus der Ruhe bringen lassen, mich auch nicht stören. Aber ich weiß, manchmal mußt du mich stören, mich aufmerksam machen, sonst würde sich nichts mehr bewegen. Zuerst grolle ich dir oder ziehe mich zurück, ich lasse dich winzig werden oder lasse dein Gesicht zerfallen oder schaue einfach durch dich hindurch, und noch in der Nacht sucht mich die Wut heim. Dann bringe ich Wut auf dich mit in die Stunde, das heißt, ich bringe sie bis ins Auto, manchmal sogar bis auf die Treppe, aber sobald ich dich sehe, ist sie weg, und ich kann nur noch davon berichten. Immerhin sehen wir, daß ich sie erst in immer geringeren Abständen von dir vergessen muß. Du scheinst immer wieder zu glauben, ich könne selbst über meine Zustände verfügen, mindestens das Ausmaß steuern, in denen ich mich ihnen überlasse oder wenigstens aus eigener Kraft auf die Übergänge aufmerksam werde, also mir zuschaue, wie es geschieht. Ich fühle es zwar manchmal, aber dann bin ich stumm, gelähmt und hoffe, daß du die anderen Teile nicht aus den Augen verlierst. Es ist, als ob ich die Gebrauchsanweisung meiner Person, die du, sehr langsam, mit mir herausgefunden hast, bei dir gelassen habe. Ungern gebe ich zu, daß ich mich ab und zu auch einfach zerfallen lasse, um zuzusehen, wie du nach den Teilen suchst. Und ich muß auch allmählich zugeben, daß ich mehr über mich lerne, als ich wahrhaben will, daß ich manche Dinge auch absichtlich, ein bißchen absichtlich, wieder vergesse, damit du sie mir immer neu wiederholst. Ich will dich endlich bei Widersprüchen ertappen, um dich mit Recht zu verachten, weil mir die Bewunderung sonst über den Kopf wächst.

ER Wir sprechen noch nicht miteinander in Rede und Gegenrede wie zwei Menschen, die durch benennbare Gefühle miteinander verbunden sind und sie auch ausdrücken. Trotzdem erfahre ich viel über dein Leben, meistens wenn die Wut, der Haß oder eine über dich hereinbrechende Kränkung es aus dir herauspreßt. Das Leben sammelt sich auf dem Grunde eines großen Behälters, in den du oft die übermächtigen Gefühle der Demütigung, der Verletzung, des ohnmächtigen und manchmal auch mächtigen Rachedurstes hineinschüttest. Du bist als kleines Kind in Pflege gegeben worden und hast dein eigenes Kind verlassen, als ob du das Schlimme noch einmal wiederholen müßtest, jetzt als die, die den Sohn nicht halten, ja, die ihn weggeben, vielleicht sogar verstoßen kann. Der Kleine schien einfach nicht in dein Leben zu passen, so wie du nicht paßtest, in so schrecklicher Zeit, auf der Flucht, zur Welt kamst und eine Last warst, die die Mutter allein nicht tragen konnte. Noch kannst du nicht trauern um diese Wiederholung, du stehst befremdet vor deiner Geschichte und siehst mich mit fragenden Augen an, ob ich sie ertragen kann, ohne dich zu verabscheuen.

Du lebst getrennt von deinem Mann. Euch verbindet bittere Feindschaft, ihr haltet die Wunden des Anderen offen, und auch die eigenen, um Gift hineinzuschütten und um die Schärfe des Giftes in seiner ätzenden Kraft zu spüren. Ich hasse, also bin ich. Die Vernichtungswünsche sind dir oft letzter Halt und Sinn. Du fühlst dich gedemütigt in einem Ausmaß, das nur durch die Zerstörung des Anderen aufgefangen werden kann. Du erlebst ihn als übermächtig, fast wie einen bösen Gott, der dich in der Hand hat, wenn du dich nicht totstellst oder verbirgst. In manchen Stunden, wenn die Wut dich nicht außerhalb deiner selber stellt, kommst du ratlos fragend: »Wie kann er das nur tun, wenn ich es nur verstünde!« Du kannst dir nicht vorstellen, daß er in ähnlicher Weise an dich gebunden ist wie du an ihn. Da er dir übermächtig erscheint, liegt für dich alle Initiative bei ihm. Du spürst in unendlichen Variationen die Feinheiten seiner Rache, und wir verbringen Wochen und Monate damit,

langsam zu erkennen, wie du die Demütigungen heimzahlst. Du schwankst zwischen Triumph und Abscheu vor dir selbst.
Immer klarer schält sich heraus, warum du so verzweifelt dagegen ankämpfst, deinem tiefen, aber von dir als gefährlich empfundenen Bedürfnis nach Abhängigkeit nachzugeben: du weißt, daß du hörig werden kannst, du warst es mehrere Male in deinem Leben, und du ringst gerade schrittweise um Befreiung aus einer solchen Hörigkeit. Das Schreckenswort wird uns begleiten. Als es zum ersten Mal fiel, zucktest du nur kurz zusammen, aber Monate später hast du dich noch genau an die Umstände erinnert, unter denen ich es gebrauchte. Es war ein schlimmer Tag für dich, weil du ja immer fürchtest, daß eine Sache ihre ganze Kraft erst dann entfaltet, wenn sie benannt wird; daß sie übermächtig wird, weil das ausgesprochene Wort für die nicht mehr kontrollierbare, deiner Magie entwuchernde Sache steht.
Ihr habt ganze Teile eurer Persönlichkeit beim Anderen untergebracht, wobei du zunehmend die miesen Seiten auf dich nehmen mußtest, wolltest: du warst launisch, unberechenbar, kindisch, unzuverlässig, unbeholfen, lebensunfähig, verrückt, und du hast dich in den Zu-

schreibungen eingerichtet, Verlust und Gewinn daraus bezogen, allmählich auf eine selbständige Existenz verzichtet. Du bist zu einem Symptom geworden: das miese, störende, beschämende Symptom eines immer unbescholtener und rechtschaffener werdenden Anderen, der sich schließlich nur noch mit *dir* geschlagen fühlte. Den Kampf um den Sohn hast du gar nicht mehr als vernünftige, auf ihre Interessen bedachte Erwachsene führen können. Du hast dich so verhalten müssen, daß es dem Richter leicht wurde, dich als untaugliche Mutter zu beurteilen. Du hast die Begutachtungen über dich ergehen lassen, in ohnmächtigem Zorn und resigniert wissend, du seist unfähig, Menschen für dich und deine Anliegen zu gewinnen. Du hast über Wochen und Monate keine Post mehr geöffnet. Es machte dir, oberflächlich gesehen, nichts mehr aus, als nicht zurechnungsfähig zu gelten. Die tiefe Verzweiflung über dich selbst hieltest du, in ihrem vollen Ausmaß, auch vor mir verborgen, um mich nicht zu entmutigen. Du mußtest Dinge tun, die auch mich schokkiert haben, weil ich ohnmächtig zusehen mußte, wie du ein Verfahren nach dem anderen verloren hast. Du hast die Anwälte verwirrt, Freunde gekränkt, unberechenbare Dinge unternommen, die immer negativere Urteile über dich nach sich gezogen haben. Ich weiß nicht, ob es auch noch Prüfungen meiner Zuverlässigkeit waren, denn nichts konntest du weniger ertragen, als daß ich ratend oder gar steuernd eingreifen wollte, obwohl eine langsame Selbstzerstörung mit ansehen zu müssen qualvoll ist. Schließlich bist du, um den Preis einer schlimmen Selbstbeschädigung, aus einer unhaltbar gewordenen Situation in eurer Wohnung auf lebensgefährliche Weise ausgebrochen und warst über die Maßen erstaunt, daß wir unsere Arbeit auch im Sanatorium fortsetzen konnten. Wie oft hast du mich gefragt, ob ich dich auch für verrückt hielte. »Wer sich selbst bis nahe an den Tod beschädigt, kann keine Mutter sein.« Mit diesem Urteil des Gerichts mußt du nun leben. Ich glaube, du hast uns zeigen wollen, was du als Kind in anderer Form erlebt hattest; ja, du mußtest, da dir Worte nicht gültig schienen, da du ihnen abgrundtief mißtrautest, mir an dir selbst zeigen, wie du deine eigene Mutter erlebt hast, die doch in eurem Bekanntenkreis als gütige, aufgeschlossene Frau galt. Du hast es immer wieder geschafft, mich verzweifelt zu machen, und du hast es auch immer wieder geschafft, meine Zuversicht zu erhalten. Oft genug konnte ich mich nicht mehr einfühlen, nicht mehr beurteilen, wie man ein solches Leben aushalten kann. Wir haben es vorübergehend zusammen ausgehalten.

SIE Ich bestehe aus Teilen, und nur in deinem Zimmer kommt ab und zu die Hoffnung auf, sie könnten einmal zusammenfinden. Aus den Ferien in dem fernen Land habe ich dir eine Karte geschrieben und darauf eine selbst ausgeschnittene Figur geklebt: ein menschliches Wesen, aus dessen Kopf und Hüften kräftige Zweige wachsen. Erst als du es mir gezeigt hast, habe ich das Bild so gesehen. Als ich zurückkehrte, hing die Karte an der Wand, dort hat sie bis heute ihren Platz behalten. Ich wußte nicht, daß es, wenn ich nicht da bin, in diesem Zimmer ein Zeichen von mir geben könnte. Und nun ist es ein Zeichen, auf das du immer wieder deutest, von dem du sprichst, als gäbe es wirklich eine Verbindung zu mir, und da es hier im Zimmer hängt und du es immer wieder benennst, auch eine Beziehung zu dir. Du nimmst es immer wieder wie ein Hoffnungsbild, es scheint kontinuierlich zu dir zu sprechen. Ich habe also, als ich sehr weit weg war, dich nicht nur erreicht, sondern etwas geschaffen, das für dich eine Quelle der Zuversicht ist. Wie du über dieses Bild gesprochen hast, hat mich vielleicht ermutigt, mit dir zu sprechen. Nach knapp einem Jahr zerteile ich unsere Geschichte, die für dich längst eine geworden ist, nicht mehr, so wie ich es einmal nötig hatte, in die kleinen Fragmente der einzelnen Stunden, sondern ich akzeptiere, daß *wir* eine Geschichte haben. Die Summe der voneinander getrennten Stunden bildet eine Kette, indem wir uns an einzelne Stunden oder Phasen erinnern. Ich frage nach den ersten beiden Stunden und staune, wieviel du behalten hast. Ich kreise um die Frage, warum du mich genommen hast, und allmählich glaube ich dir, daß es nicht ein Zufall oder gar ein Irrtum war.

ER Du hast damals meine Tränen gesehen und das Bild tief in dir vergraben, es war zu bedrohlich. Du hast dir die Tränen abgewöhnt, und das Schreckbild der ewig weinenden Mutter drohte sich wiederzubeleben. Ein Therapeut mit Tränen in den Augen ist ein Unding, da er doch ein Fels sein soll, oder der Leuchtturm über der Brandung. Und genauso deutlich, wenn auch nur einen Augenblick lang, bevor du es wieder tief in dir vergraben hast...

SIE ... habe ich gehört, in der zweiten Stunde, als ich ängstlich fragte, was wohl alles passieren wird in solch einer Arbeit, im Umkreis des Themas Verrücktsein: wir müßten auf psychotische Episoden gefaßt sein. Ich höre dich, wenn du sagst, du hättest, vorschnell vielleicht, mir mitteilen wollen, du seist vorbereitet auf Augenblicke oder gar Zeiten des Auseinanderfallens. Dann hätte ich dich ja wahrnehmen müssen als jemand, der sich als Wegbegleiter vorstellt. Und eben mit einem solchen Wegbegleiter habe ich ja noch nicht rechnen können, meine Ohren waren ganz auf diagnostische Schicksalsworte gerichtet, ich habe gehört: jawohl, in dir steckt ein Stück Verrücktheit, und irgendwann kann es ausbrechen. Und so sah ich mich oft, je freundlicher du warst, am Rande des Abgrunds, es war schrecklich, dein Bild wurde immer heller, mein Zutrauen wuchs, und dieses wachsende Zutrauen, ja diese wachsende Zuneigung hat mich dem Abgrund immer noch ein Stück näher gebracht. Ich konnte es nie in Worte fassen. Wie soll man denn das auch ausdrücken: Es nähert sich eine Stimme, ein Gesicht, verheißungsvoll, freundlich, nahezu unerschütterlich; man schöpft Hoffnung, aber immer wieder liegt vor der Hoffnung dieser Abgrund, so daß du ja eine Fata Morgana bleiben mußt, um mich nicht hinabzureißen. Dein heller werdendes Gesicht wurde mein innerer Mittelpunkt, aber das hieß ja auch, daß ich mich verlieren würde, daß meine Teile nur noch wie düstere Blütenblätter um dich herum wüchsen, ein schönes Bild, dem Wahnsinn aber zu nahe. Oft mußte ich es in wilden, wirren Träumen büßen, wenn ich dein Gesicht zu weit einließ. Noch verwirrender wurde es, wenn das Gesicht beruhigend wirkte. Dann habe ich versucht, es über dem Bett aufzuhängen, oder ich fing an, heimlich, sehr heimlich, ja dies vor mir selbst verbergend, es vorsichtig mit dem Finger zu berühren.

Zu unserer Geschichte gehört auch, daß ich unterscheiden lerne zwischen Nichtkönnen und Nichtwollen. In der Erinnerung an weit zurückliegende Stunden bin ich eher bereit auszuhalten, daß ich dich oft wirklich quälen oder erfahren wollte, wie und wann du ans Ende der Geduld gerätst. Ich hoffte und fürchtete so sehr, du würdest mich eines Tages anbrüllen oder mit dem Aschbecher nach mir werfen. Wütend, enttäuscht und staunend sah ich zu, wie dein Denken mitten in der Spannung eine Wendung nahm, so daß wir fast mit ansehen konnten, wie wir uns verstrickten. Wenn es ein *Wir* nicht gab, wenn ich eisern schwieg, weil ich dir keinen Einblick geben wollte, hast du dir selbst zugeschaut, einsam zwar und doch mit Worten, die mich manchmal erreichten, deine Gefühle formuliert und darüber nachgedacht, welche mögliche Szene aus meiner Kindheit zu dieser Szene passen würde. Du hast dich nicht abschrecken lassen durch meine Proteste, mir meine eigene Geschichte als etwas Zusammenhängendes darzustellen. Du hast mir deine Gefühle geliehen, hast dich in meine Lage als Kind versetzt. Vor allem hast du mir geholfen, langsam das Gute vom Bösen zu unterscheiden. Aus dem unzugänglichen Keller haben wir einzelne Szenen ans Licht geholt, indem du mir sagtest: »Mir scheint, das war so schmerzhaft, daß Sie es gar nicht behalten konnten.« So kann ich mir die Szene noch einmal ansehen, und weil du aussprichst, wie weh es getan hat, hilfst du mir, es zu ertragen. Auf solche Bilder kannst du dann ruhig immer wieder zurückkommen, ohne daß ich versteinere oder innerlich davonrenne. Ich wollte von meiner Geschichte nichts wissen. Aber ich sehe zu, wie du sie sichtest, aufgreifst, wie du in ihr nach mir suchst und wie begreiflich es dir ist, daß ich verlorengegangen bin. Und du siehst endlich, wie schlimm die Gestalten sind, von denen ich mich umstellt fühle. Es gibt Inseln des Friedens, vor allem mit dem kleinen Bruder und dem Vater. Wenn ich vor Haß schäume, fühlst du den Haß mit mir und hältst doch ein Bild von den betroffenen Menschen fest, das der Flut meines Grolls und meiner Beschimpfung standhält. Der rächende Geist der Großmutter will es mir immer wieder verbieten, dir Einblick in die Familie zu geben. Zunächst bin ich meiner Familie gegenüber loyal, weil ich fürchte, meine Worte könnten Unheil anrichten und ich würde als Verräterin bestraft.

ER Als ich einmal fragte, wie die Familie *mich* wohl sehen würde, erschrakst du zutiefst: du hast einen Eindringling in die Nähe deiner nach außen abgeschirmten Familie gelassen, und jeder Einblick, den du mir gibst, ist Verrat, Rache, Bloßstellen, Auslieferung. Du fühlst dich zerrissen zwischen einander ausschließenden, ja einander vernichtenden Stimmen. Du fürchtest die Rache der Familie, wenn du mich eindringen läßt in eure Geheimnisse, in das System der Selbstdarstellung, in die Gebäude von Rechtfertigung, in die Keller des Schweigens. Du hast noch längst keinen sicheren Raum in mir und dir und mußt befürchten, daß du endgültig ausgestoßen wirst als Verräterin.

Du bist dir deiner Mordwünsche auf eine luzide Weise klar und schwelgst darin, wie um wieder Boden unter die Füße zu bekommen: Ich hasse, also bin ich. Doch scheint das konkrete Geständnis einzelner beschämender, demütigender, verletzender Situationen, die mich zum wirklichen Zeugen haben und die du angesichts versunkener Szenen formulieren mußt, weit bedrohlicher zu sein als alle umfassenden, fest eingeprägten Mordwünsche. Denn sie sind ein vertrauter, abgespaltener Teil, nur unterirdisch, durch tiefe Schuldgefühle und leidende Wiedergutmachung, mit dem Rest deiner Person verbunden. Die einzelnen Gestalten erscheinen dir als so schlimm, als so grotesk, daß du fürchtest, nur weil du zu ihnen gehörst, ein unmögliches Wesen zu sein. Wenn ich behutsam versuche, ihr Bild zu mildern, wirst du wütend. Ich sollte dir erst einmal glauben, daß es Schreckgespen-

ster sind, deren Vernichtung deine dringliche Aufgabe ist. Ich sollte mich selbst spalten: in einen Bundesgenossen, der dir bei der Vernichtung hilft, und in einen, der ihnen hilft, zu überleben und menschliche Züge anzunehmen, weil du nur so ertragen kannst, von ihnen abzustammen. Über lange Zeit willst du nur noch von mir abstammen und nur von mir noch einmal geboren werden.
Sobald ich aber Verständnis für sie zeige, nachdem ich lange mitgeschwungen habe in deinem Haß, aus wechselnder Distanz, manchmal selbst mitten im Sog, hast du mir vorgeworfen, alle anderen besser zu verstehen als dich. Es war schwierig, einen Weg zu finden zwischen Einfühlung, Parteinahme und der auch von dir ersehnten Erhaltung eines möglichen guten Bildes.

SIE Sie sollen auch nicht mehr wirklich werden, indem wir ihnen konkrete Eigenschaften geben. Oder doch nur der Vater, mit dessen Bild ich überlebt habe. Ich galt als sein Liebling. Aber er war ja nicht da, in den ersten fünf oder sechs Jahren. Es wurde nicht von ihm gesprochen. Ich wußte, es gab ihn, in unseren Gesprächen aber war er mehr als tot, er wurde ausgelöscht. Er hat uns verlassen. Es ist ein düsteres Geheimnis um ihn. Er muß die Mutter tödlich getroffen haben. Eine Idee, ein Auftrag, ein inneres Gesetz war ihm wichtiger. Auch er hat später nie darüber gesprochen, warum er verschwunden war. Wenn ich mutig bin, will ich das Geheimnis herausfinden. Wenn ich Angst habe, ich könnte Unerträgliches entdecken, gebe ich wieder auf. Es hängt mit Krieg, Flucht, Emigration, Gefangenschaft zusammen. Er könnte ein Held sein, oder – ich zögere – ein Verbrecher; er wäre es nicht für mich, ich würde ihn immer verstehen, denn er hat mich auch dann noch verstanden, wenn alle mich aufgegeben hatten, er hat für mich gekämpft, auch in der Schule, und er hat mich auf Dienstreisen mitgenommen. Vielleicht ist es absurd, doch ich laste es meiner Mutter an, daß er weggegangen ist. Sie sagt immer, ich solle die alten Sachen endlich ruhen lassen. Auch die Geschwister sprechen nicht darüber, es ist ihnen nicht wichtig, sie sagen, ich solle aufhören zu wühlen.

»Steckt hinter Ihrem freundlichen Gesicht auch ein düsteres Geheimnis? Ich schaue und forsche, aber Sie müssen es mir selbst sagen.«

ER Deine Angst vor dem düsteren Geheimnis ist so groß, daß sie alles Unheimliche in mir mobilisieren kann. Dann wird mir meine eigene Person verdächtig. Ich bekomme Angst vor mir selbst. Den Phantasien sind keine Grenzen gesetzt. Er könnte Spion gewesen sein, Agent, Kriegsverbrecher, Widerstandskämpfer. Du unternimmst viel, um es zu erfahren, schreckst wieder zurück, stößt auf undurchdringliche Widerstände. Und ich selbst behalte für dich eine fremde, undurchdringliche Seite. Du könntest etwas an mir feststellen, was unsere ganze Arbeit in einem völlig anderen Licht erscheinen läßt.

SIE Meine Mutter ruft ab und zu an. Dann bin ich wütend und verwirrt. Natürlich nimmt sie an, daß ich an der Trennung von meinem Mann, am großen Zerwürfnis, schuld bin. Sie betrachtet ihn wie einen Sohn, der ihr lieber ist als ich. Sie spricht mit ihm über mich wie über einen Fall. Nach einem Telefonat von nur wenigen Minuten fühle ich mich entwertet, schlecht, böse. Ich hasse sie. Sie hat mich vom Vater ferngehalten. Ich glaube, sie war eifersüchtig. Sie konnte so wütend werden über meine

Unordnung, daß sie all die Sachen, die in meinem Zimmer herumlagen, in den Garten hinausgeworfen hat. Und dann das entsetzliche Geweine. Es ging ihr sicher nicht gut. Aber das ewige Heulen war entsetzlich. Alles, was nach Heulen aussieht, ist für mich vergiftet.
Er ist immer wieder darauf hereingefallen. Wenn ich auch nur eine Träne weine, könnte ich werden wie sie. Ich will nicht wissen, was ich zu Hause gefühlt habe. Es wird mir noch gelingen, keine Gefühle mehr zu haben. Die letzten paar Tage habe ich funktioniert wie aufgezogen. Die anderen merken es nicht. Das ist gut so, aber ich verachte sie. Es ist, als ob sie keine Menschen wären oder als ob alle ein dummes Theater spielten. Nur manchmal gibt es einen stechenden Schmerz, wenn mich jemand unerwartet trifft. Es gibt Kinder bei uns im Heim, die bald sterben müssen. Mit ihnen kann ich reden. Ich kämpfe dagegen an, daß man ihr Leiden verlängert. Einige hängen am Leben. Es ist mir unverständlich.

ER Mitten im Haß gibt es jetzt Augenblicke, wo du mich aus den Augen lassen kannst, ohne zu fürchten, alles verändere sich zum Schlimmen. Du kannst sogar die Augen schließen und im Schutz des Zimmers deine unendliche Erschöpfung zulassen. Es herrscht dann eine Art Totenruhe, doch von Zuversicht durchtränkt: als ob Auferstehung, Verwandlung oder Seelenwanderung ganz sichere Dinge wären.

Du verschonst mich mit vielen deiner schlimmen Gefühle. Du bewahrst mich als eine Figur *über* euren Verstrickungen. Ich könnte mit in den Strudel gerissen werden. Du horchst meine Worte ab, ob sie Zeichen von Ermüdung, Abscheu oder Ekel enthalten. Du kannst über zurückliegende Episoden reden und mich fragen, ob sie mich schockiert hätten. Manche haben mich zunächst schockiert. Du hast mich oft vor vollendete Tatsachen gestellt und mußt doch deren Planung wochenlang mit dir herumgetragen haben. Zu groß war deine Angst, ich könnte dir deine Autonomie rauben. Mit Überraschungen zu arbeiten war irgendwie lebensnotwendig. Du wolltest wissen, ob du mich ausmanövrieren kannst, ohne daß ich dich strafe. Du hast mir vorgeführt, wie du gelebt hast angesichts einer Mutter und vor allem einer Großmutter, die glaubten, dich ganz zu kennen und dich berechnen zu können. Du hast mir berichtet, wie sich dein Leben langsam teilte, in eines, das die anderen kannten, und eines, das ihnen verborgen war. Das verborgene Leben war das wirkliche, die Selbstgespräche, die Tagträume, die heimliche Musik. Der Rest war Theater, Zirkus, Mimikry. Ich habe sehr deutlich gespürt, mit welchem Schock sie dann doch immer wieder mit unerwarteten, befremdlichen Dingen an dir konfrontiert wurden. Keiner hat dir mehr getraut, keiner mehr geglaubt. Du warst ein unberechenbares Wesen, verstockt und geübt in Verstellung. Je weniger ich wissen durfte, was du als nächsten Schachzug im Kampf um Trennung, Sorgerecht und Scheidung planst, desto treuherziger konntest du schauen. Es war verwirrend. Aufrichtigkeit erschien dir als lebensbedrohlich. Manche Stunden waren einfach unheimlich oder absurd, du schienst mir ein Kobold, der mich narrt, und jeder Versuch der Einfühlung hat deine Undurchschaubarkeit nur gesteigert. Wie dicke, fremdartige, manchmal übelriechende Knollen waren die Geheimnisse eingewebt ins Geflecht der Beziehung. Einige Male warst du starr vor Angst, wenn ein Geheimnis ausgesprochen war und du eine Katastrophe befürchtetest. An der Intensität, mit der du mein Gesicht erforscht hast, konnte ich manchmal erkennen, daß ein

Geheimnis und die Sorge über die Folgen des Geständnisses dich quälten. Du warst natürlich überzeugt, daß ich alles schon wisse und daß ich Theater spielte, um die Überführung zu genießen. Du konntest oft nicht fassen, wie ahnungslos ich war.

Du wußtest nicht, daß ich nicht wußte, was du geplant und verschwiegen hast, und daß ich nicht wußte, wie oft du es mir in der Phantasie schon gestanden hattest. Und ich wußte nicht, daß du nicht wußtest, daß ich nichts wußte. Eine endlose Kette. Erschwerend kam manchmal auf beiden Seiten wachsendes Mißtrauen hinzu: wir wußten nicht nur nichts, wir haben auch das Nicht-Wissen dem Anderen nicht mehr geglaubt. Eine heillose Verwirrung. Der liebe Gott sieht alles, und manchmal gleichen die Eltern dem lieben Gott, oder sie tun wissend, um so, wie es die Polizei bei Verhören macht, doch noch zum Ziel zu kommen. Ich wußte nicht mehr, ob du mich schonst, ob du schwindelst, ja lügst, es selbst nicht mehr weißt, keine Worte mehr findest; und du, der ich dir ja um so vieles mächtiger erschien, du warst entsetzt über die Verwirrung, deren Knoten und Lösung du in meiner Hand glaubtest. Du mußt die Erwachsenen früher einmal als übermächtig und fast allwissend erlebt haben, ohne deine eigene wachsende Mächtigkeit wahrzunehmen. Du warst ihnen im Versteckspiel, im Verbergen, im Rückzug, in der überraschenden inneren Spaltung wohl überlegen, und warst erstaunt, daß sie dich oft wie einen wirklichen Feind, einen Kobold erlebt haben. Du warst entsetzt darüber, was du anrichten kannst, auch stolz und triumphierend, verachtend und verwirrt. Du warst imstande, die Familie durcheinanderzubringen. Es hatte nur niemand Zeit, mit dir die Verwirrung, die Anlässe, die Motive, die Ängste zu klären. Und so wurdest du zum schwarzen Schaf, das sich als Opfer fühlte, obwohl es den Anderen längst als unberechenbar mächtig galt und nur hin und wieder durch demütigende Strafen gebändigt oder eingeschüchtert werden konnte.

SIE Das Bild wird zu schlimm, ich kann es nicht ertragen. Wir hatten auch lichtere Zeiten als Familie. Die Sonntagsausflüge. Ein Ritual. Schöne Erinnerungen. Und Bilder des Entsetzens, wenn die Eltern in Streit gerieten. Mein Bruder war mein Beschützer, aber ich will noch nicht darüber sprechen. »Sie brauchen nicht alles zu wissen.« Der Vater hat mich oft noch spätabends mitgenommen zu seinen Hausbesuchen. Dann hatte ich ihn für mich ganz allein. Er war ein anderer Mensch, draußen, in den vielen dunklen Wohnungen mit den notleidenden Menschen. Er ist aufgeblüht und war warmherzig. Zu Hause war dann wieder alles anders.

ER Nur ganz allmählich verwandelt sich deine Angst vor meinem Angebot, Panik und Erstarrung durch vorsichtige Berührung zu mindern, in einen Wunsch nach spürbarem Halt. Deine Hand macht Zeichen wie ein aus dem Nest gefallener kleiner Vogel. Du schiebst sie in den leeren Raum um dich und hoffst, daß ich sie finde. Ein Kind, das so friert und das es so schaudert, weckt Bilder von bergender Nähe. Sie wollen überprüft sein. Die Angst soll abfließen können, in einen anderen Körper. Auch der diffuse Haß, der dich überschwemmt, sucht einen Gegner. Wenn du nach meiner Hand schlagen kannst, mit mörderischem Blick, und ich überlebe, schließt du ungläubig-dankbar die Augen. Daß dir die Eingeweide gurgeln, nimmst du jetzt mehr wie Musik, und wenn meine auch gurgeln, weißt du, daß aufgefangener Haß unser Band festigt.

SIE An anderen Tagen, wenn ich den Vater kaum gesehen hatte und er spät und müde zurückkam, verbot die Mutter mir seine Nähe. Er ruhte. Seine Müdigkeit war der Grund, mich von der Schwelle seines Zimmers zu verscheuchen. Ich war dann ein Störenfried und ein Biest. Manchmal saß ich ganz still vor seiner Tür, bis sie mich weggejagt hat. Wenn in der Schule eine neue Katastrophe drohte, weil ich dasaß und durch die Lehrer hindurchschaute, ging er hin und kämpfte für mich.

ER Die Starrheit, die du oft mitbringst in die Stunde, löst sich manchmal, wenn du auf dem dicken Teppich liegst, und ich sitze neben dir, in Reichweite. Wochenlang kämpfst du gegen den Schlaf, als ob dich ein Feind überwältigen wollte. Wie eine vom stürmischen Meer ausgespuckte Schiffbrüchige liegst du im Sand, ich muß ganz schützende Nähe sein; trotzdem werde ich oft wieder zum Schreckbild, und es ist dann unklar, ob dich die Strudel verschlingen oder der rettende Riese, in dessen Nähe du dich auflösen könntest. Du sagst, du versinkst in grauenhaften Nebelszenen. Du verkrallst deine Hand in die meine und fürchtest doch, wir beide würden verschlungen. Immer wieder muß ich sagen: Ich sitze fest am Ufer; ich muß es dir bildlich zeigen, der Teppich ist der wogende Sumpf, und ich sitze am Rand und reiche dir die Hand hinüber in dein Schütteln und Wegtauchen, in das Zucken und Aufbäumen, wenn du kurz vor dem Einschlafen durch und durch erschreckst und hochfährst, als habe dich nur noch ein kleiner Schritt vom Versinken getrennt. Ich muß dich lange ermutigen, den Sumpf zu betreten, an meiner Hand. In deinem Körper arbeitet es, als wüte eine Krankheit darin. Dann tauchst du wieder auf, mit leerem Blick, unendlich abwesend und wie seit langem verstorben. Du giftest mich an, warum ich das zugelassen habe. Ein Urmißtrauen kommt in deinen Blick, und ich schäme mich über meinen Anspruch, dich vielleicht hindurchgeleiten zu können, das Grauen in deinen Augen scheint mir so übermäßig, nahezu außermenschlich. Es gibt natürlich keine Erinnerungen, aber manchmal nickst du, wenn ich für dich phantasiere, wie es gewesen sein mag auf dem winterlichen

Treck, als du geboren wurdest beim sich heranwälzenden Geschützdonner der Front im Osten, diese ersten Tage und Wochen und Monate auf Planwagen, in Lastkarren und Zügen, kaum eine Nacht am selben Ort, du das vorläufig Letztgeborene inmitten der kleinen Kinder, mit einer Mutter in Panik, mit Habseligkeiten auf der Flucht, immer hungrig, immer in Angst und in einer Ungeborgenheit, die dir vielleicht sogar den animalischen Schutz eines auf das Überleben gerichteten Muttertieres genommen hat. Du brauchst Wochen täglicher Arbeit, um nicht beim leisesten Geräusch hochzuschrekken, dich nicht totzustellen oder in fluchtbereite Stellung zu gehen.

SIE Der hinter verschlossenen Türen schlafende Vater hat manches wiedergutgemacht. Auf leisesten Sohlen bin ich vor seine Tür gekrochen, zitternd vor den Schritten der Mutter. Drinnen ruhte die Garantie des Überlebens. Keiner hat gewußt, daß ich auf der Schwelle seinen Schlaf hüte. Denn der Schlafende war der Anwesende, selbst wenn ich ihn nicht sehen und nicht hören konnte. Wenn sie mich wegzerrt, ist die Mutter die Hexe. Warum streiten die beiden auch so viel? Ich bewache ihn in der Stille, sein Schlaf gehört mir, obwohl er es nicht weiß. Ich habe ihn und habe ihn nicht. Es ist ein heimlicher Dienst. Hinter der verschlossenen Tür schläft mein Retter und mein Eigentum, das ich den ganzen langen Tag anderen überlassen muß. Mein Bruder hat auch Eigentum an ihm, eine ganz andere Seite: seinen Jähzorn. Er kann ihn auslösen, wann immer er es braucht. Ich sterbe vor Angst, wenn sie sich anbrüllen, bis ich allmählich dumpf verstehe, daß der Bruder den Jähzornigen besitzt und ihn sich nimmt, wenn er ihn braucht. Die Mutter und der Vater sind sich am nächsten, wenn sie sich angiften, im wortlos-vorwurfsvollen Schweigen, im Gekeife der Mutter und im Türenschlagen des Vaters. Sie hält auch mich für eine Hexe, weil ich ihn mehr liebe als sie.

Und hier, in der therapeutischen Kapelle, einmal, spät am Abend, die Stehlampe leuchtet und Rübezahls Augen haben Ränder der Müdigkeit, er ist erschöpft. Er strengt sich trotzdem an, fragt nach meinem Befinden. Ich lasse ihn reden und stelle die Zeitmaschine an, die alles zum Stillstand bringt. Ich sehe, wie er sich heimlich in den Arm kneift, um wach zu bleiben. Es ist ihm peinlich, wie müde er ist. Er stammelt eine

Entschuldigung und schämt sich. Ich bin im Bunde mit seiner Ermattung. Ich helfe ihm, sich nicht zu schämen. Ich frage, ob ich weggehen soll. Er sagt: »Sie brauchen nicht zu gehen, wenn ich einige Minuten die Augen zumachen kann, bin ich gleich wieder da.« Da hat er aber nicht mit meiner Macht gerechnet. Ich verlangsame die Zeit noch mehr, halte den Atem an. Ich höre die drängende Stimme der Mutter, ich solle aus dem Zimmer verschwinden, ich sei ein Störenfried, ich machte den Vater krank mit meiner Zudringlichkeit, er bekomme wieder Herzbeschwerden, wenn ich ihn nicht in Ruhe ließe. Ich will ihn aber doch gar nicht stören, ich will nur still in der Ecke sitzen und mein Eigentum hüten, wenn es schläft. Aber die Mutter glaubt mir nicht, und der Vater wagt nicht zu widersprechen. Er weiß, daß ich still sein würde, doch es wäre zuviel Privileg vor den Geschwistern. Heute aber ist Rübezahl stärker als die inneren Stimmen. Er schickt mich nicht fort, obwohl ich es verstehen würde. Wenn er es wünscht, verschwinde ich. Manchmal schlafe ich auch neben dem Bett eines Schützlings ein... Er schläft, er schläft, und ich sitze in seiner Nähe, atme kaum, zähle seine ruhigen Atemzüge. Ich verbanne alle störenden Geräusche, ich bin keine Hexe, ich bin nicht schädlich, er schläft und bekommt keine Herzkrämpfe wegen meiner Nähe, die Mutter lügt, ich bin kein Monstrum, sonst könnte er nicht so ruhig schlafen. Ich bewache ihn. Er schnarcht ein bißchen. Es brauchte Tage und Tage, bis ich mich satt gesehen hätte.

ER Als ich erschreckt aufwache, sehe ich ein so friedliches Kindergesicht, daß meine Scham verschwindet. Ich habe mich beschützt gefühlt, sonst hätte ich nicht eine Viertelstunde geschlafen. Es war etwas elementar Gutes in meiner Nähe. Und dann fallen mir die vielen Bilder ein, die du mir erzählt hast, vom müden Vater, und ich weiß, ich habe jetzt in einer frühen Szene, ohne es zu wollen, mitgespielt, und die frühe Szene hat endlich ein anderes Ende gefunden, du bist nicht von der Schwelle fortgejagt worden. Und da du mich hast schlafen gesehen, gelingt dir das Einschlafen auf dem Teppich in den nächsten Stunden fast mühelos. Ach, du schreckst auf aus bösen Träumen. Manchmal sind es auch gute Träume. Du schaust für winzige Momente, wenn du aufwachst, durch die Augenschlitze, dann bist du schon wieder weit weg, und die aufgeregt schnappenden Atemzüge beruhigen sich wieder. Es ist ein Schlaf in einer Höhle, nicht in der äußeren Welt. Mir kommt das Zimmer vor wie ein Kokon, wie ein einzigartiger Weltinnenraum, der hergerichtet ist, um dich noch einmal auszubrüten, wie ein Mutterschoß, um den herum der Krieg nicht tobt, ohne Fluchten in den Luftschutzkeller, Alarme, Schreckensbotschaften, Gerüchte um Endsieg oder Zusammenbruch. Einige Wochen sind ausgefüllt mit diesem Einschlafen und Aufwachen, Auffahren und Sich-wieder-Beruhigen. Manchmal muß ich dir aufhelfen, weil du von allein kaum auf die Beine kommst.

Als du nach ein paar Wochen aufwachst und plötzlich lebendiger bist, erfinden wir Spiele, um unsere ganz neue Zweisamkeit zu genießen, wenn auch der Genuß immer wieder von heftigen Ängsten, von lähmenden Schrecksekunden unterbrochen wird. Dein Körper wirkt so formlos, so schlotternd und in seinen Teilen unzusammenhängend, daß wir langsam lernen müssen, die Gliedmaßen zu sortieren. Du bewegst die Glieder wie ein Hampelmann. Kein Muskel weiß etwas vom anderen. Du weißt nicht einmal, wie weit weg vom Kopf deine Füße sind. Als ich deine Füße anfasse, meinst

du, du müssest einen halben Kilometer lang sein, so weit sei es bis zum Kopf. Eine unsägliche Scham liegt über dem Ganzen. Ich muß geduldig auf jede neue Bewegung warten. In den Bewegungen könnte sich offenbaren, daß du noch gar keine menschliche Form hast.
Du kannst dir kein wohlwollendes Auge vorstellen, das dich zusammenfaßt. Welch ein Weg bis zum ersten Purzelbaum! Krabbeln willst du nur, wenn ich mich abwende. Die Scham ist zu groß. Am ehesten gleichst du einer Kaulquappe, wenn du auf dem Bauch liegst und versuchst, dich fortzubewegen. Du stützt dich auf die Ellbogen, die Beine schleifen nach, wie ein demnächst abfallender Schwanz, fast noch von Gallert umgeben. Aber auch *du* lernst stehen, auch wenn du immer wieder umfällst auf die Polster und Arme und Finger zu schwach sind, um dich an meinen Händen wieder hochzuziehen. Manchmal schüttelst du den Kopf und sagst voller Überzeugung: »Sie spinnen wirklich. Aber es ist gut so.«

SIE Ein umheimliches Spiel hat er erfunden. Ich liege nahe bei ihm auf der Seite, so daß ich ihn aus großen Augen ansehen kann. Ich sehe mich fest. Ich bin regungslos. Schon kleine Bewegungen stören mich. Ihm brennen rascher die Augen als mir. Er braucht Pausen, der Arme. Ich gönne sie ihm. Dann werde ich mutiger, und ich bewege mich, oder einzelne Glieder. Er sieht es und spricht es aus. Zuerst stört es mich. Ich runzle die Stirn, um ihn zur Ordnung zu rufen und einzuschüchtern. Vollkommen töricht fragt er manchmal, ob er etwas falsch gemacht habe. Seine Worte möchte ich zum Fenster hinauswerfen. Er soll *sehen*, was er tun muß. Gelegentlich begreift er etwas. Ich will gesehen werden, aber er soll mich nicht sehen. Verrückt? Nein. Er erklärt es mir. Ich möchte ihn anspucken vor Wut, weil er Worte gebraucht, aber ich lasse mir die Erklärung gefallen: »Hinter der Schicht von Scham will sich der Körper doch zeigen. Wenn ich die Mutter bin, oder die strenge Großmutter, oder eines der unsäglich spöttischen Geschwister, soll ich nichts sehen, alles soll Tarnung sein, Heimlichkeit und Täuschung. Aber als ganz neu in Ihr Leben getretener Mensch, als mütterlich-väterliches Idealobjekt – ja, solche hirnverbrannten Wörter wagt er in den Mund zu nehmen, ohne sich sofort zu erbrechen –, als dieses neue liebe Monstrum, soll ich sehen, wie der

Körper sich bewegen und sich zeigen will.« Knurrend stimme ich zu. Man müßte ihm das Denken und das Fühlen verbieten. Aber wo bliebe ich dann. Im Vorläufigen. Auf der Schwelle des Lebens. Also lächle ich, so versteckt es geht, wenn er sagt: »Jetzt hat sich das Knie bewegt.« Nein, er sagt es ja Gott sei Dank nicht mehr. Er grüßt mit dem Gesicht in Richtung des Knies, oder er zeigt mit dem Finger darauf. Sofort halte ich wieder atemlos still. Ich will ertappt und doch nicht ertappt werden. Wenn die Därme gurgeln, hält er sich die Ohren zu, weil er weiß, daß er es nicht hören soll. Der Bauch, der Verräter, redet viel lauter mit ihm, als ich es will. Einmal, als er die Ohren zuhält, brechen wir beide in Gelächter aus. Sofort verstecke ich das Gesicht im Kissen. Ich will nicht zusammen mit ihm gelacht haben. Der bildet sich nur was ein darauf! Er läßt mich mit dem Finger sein Kinn berühren und seine Nasenspitze. Ein paar Tage später, als ich den Finger wieder auf Expedition in sein Rübezahlgesicht schicke, macht er eine leicht schnappende Bewegung. Entsetzt fahre ich zurück. Auch wenn er noch nicht gefrühstückt hat, braucht er mich nicht aufzufressen! Brutaler Kerl! Über die heimliche Angstlust sage ich nichts. Sie meldet sich an Stellen in meinem Körper, von denen er noch nichts weiß. Orte, die ich mir selbst verbiete. Absolutes Ausland. Amazonien. Fernab jeder Zivilisation. Tief in Bauch und Becken. Weiße Flecken auf der inneren Landkarte, wo noch die Menschenfresser leben. Also stelle ich mich wieder starr und genieße seine Ratlosigkeit. Strafe muß sein. Das Monstrum guckt betroffen. Recht so. Ich schlage auf die hingehaltene Faust. So muß ich die Wut nicht hinunterschlucken. Mit den spitzen Knöcheln versuche ich ihm weh zu tun. Dann werde ich übermütig und strecke die Zunge heraus. Er erfindet ein neues Spiel: ich soll mich liegend um meine eigene Achse drehen, von ihm weg. Er scheint verrückt geworden zu sein. Keinen Zentimeter Nähe gebe ich freiwillig auf. Zum Schein drehe ich mich ein wenig, fixiere ihn aber um so fester. Er macht winkende Zeichen, um mich zu ermutigen. Ich lasse ihn winken, Tage, Wochen. Dann, eines Tages, drehe ich mich blitzschnell um die eigene Achse. Der Kopf will zuerst nicht mit, weil ich dann für einen Augenblick sein Gesicht verliere. Mir verdreht sich der Hals, ich kann ihn nicht loslassen mit den Augen. Er winkt, und dann schaffe ich es doch, und aus einem etwas größeren Abstand schnappe ich mit den Augen wieder nach ihm. Dazwischen liegt ein Augenblick des Schreckens, des Verlusts, ein jäher Schmerz. Drüben liege ich wie jenseits einer Kluft. Ich drehe mich zurück, so schnell ich kann, und finde ihn wieder. In den nächsten Wochen üben wir es, sieben bis acht Drehungen kann ich zwischen ihn und mich legen. Er bleibt immer am selben Platz. Bei jeder neuen Drehung wird es unheimlicher. Aber ich weiß: Der Rückweg ist gesichert. Aus der entferntesten Ecke des Zimmers muß ich hallo schreien, und siehe, auch der Laut trägt und kann eine Verbindung bewirken. Außerdem winkt er. Das ist gut. Er scheint mich noch zu sehen. Ich winke nicht. Wo kämen wir hin! Ich bin doch kein Kind. Außerdem wäre es unter meiner Würde. Aber ich schenke seinem Winken ein Lächeln. Das scheint ihn zufrieden zu machen. Ich will ihn aushungern und verwöhnen, gleichzeitig. Aber er soll um mich bangen. Er weiß nicht, wie oft ich heimlich um ihn bange: ob ich ihn wiedersehe, ob er nicht müde wird, aufgibt, mich plötzlich vergißt, oder haßt. Wie soll man das wissen? Bei jedem neuen Schritt in der Beziehung, der ja auch ein Schritt der Annäherung ist, selbst wenn ich mich wegdrehe und überlebe, muß ich ihn belohnen und strafen. Tut mir leid. Lohn und Strafe sind in meiner Regie. Ich will nicht zu seinem Geschöpf werden, ein Teil von ihm, den er gut kennt und mit dem er spielen kann. Er hat ohnehin zuviel magische Macht.

ER Manchmal wird sie heißhungrig und braucht ein Bonbon. Oder sie lutscht schon eines, wenn sic hereinkommt. Wenn sie in Spannung ist, zerbeißt sie es krachend, daß es durch die Stille dröhnt. Dann bin ich gewarnt. Dann ist mit Spaß nichts zu machen. Dann hört der Spaß auf. Beschämt gehen meine antwortenden Geräusche ins Leere. Eine unbekannte Majestät ist gekränkt. Ich bin ihr zu nahe gekommen. Sie zieht sich ins Landesinnere zurück und beobachtet mich aus Augen, die wie Schießscharten sind. Das Urmißtrauen stellt Wachposten auf, es kann jeden Augenblick Krieg geben. Die Geräusche im Haus klingen gefährlich, und ich kann keine beiläufigen Bewegungen mehr machen. Alle scheinen ein Geheimnis zu verraten, sind gefährlich, oder wollen ein längst erwartetes Unheil ankündigen. Manchmal fühlt es sich an, als würde ein Teil von mir zerbissen, dann wieder, als zerbeiße sie etwas in sich selbst, mir zur Strafe. Sie zerbeißt ein Stück Leben, vor meinen Augen, weil sie fürchtet, es sei in meiner Hand, statt in ihrem Besitz. Ich schaue erschreckt und traurig zu. Sie zermalmt ein gemeinsames Stück Arbeit. Ich muß einen Übergriff begangen haben. Aber sie weigert sich, ihn mir mitzuteilen. Sie kennt ihn selbst nicht. Worte reichen noch nicht hin. An einem unbekannten Ort in ihr entsteht eine mörderische Wut. Oft löst sich das Rätsel erst Monate später. Ich bin auf eine Mine getreten. Ein herumgeisterndes, spitzes, giftiges Übertragungsfragment ist uns an den Kopf geflogen, ein Irrläufer, früher Blindgänger. Irgendeine Geste hat eine frühe Kränkung geweckt, und schon scheint wieder alles verloren. Da sie selbst nicht weiß, welche Untat ich begangen habe, kommt die Wut auf ihre unbenennbare Verstimmbarkeit und Reizbarkeit hinzu, und die Scham, und die Sprachlosigkeit, es ist ein Elend, ich muß sie leiden und erstarren sehen und versteinere oft selbst, wenn das Lebendige zusammenfällt wie ein Kartenhaus unter einem kalten Windstoß. Manchmal dauert die Genesung tagelang, dann fühle auch ich mich elend und mutlos. Gibt es etwas Schlimmeres als eine extreme, unvorhersehbare Kränkbarkeit, deren

Ursachen nicht zu erkennen sind? Die mit Spätzündung arbeitet, so daß der Anlaß längst vergangen ist, dem Bewußtsein entgangen, und die doch wirksam bleibt, über Geheimgänge in Seele und Körper eindringt, denn die Kränkung überfällt nicht nur die Seele, sie wütet auch im Leib, als sei ihr die Seele nicht genug Fraß und Raum zum Toben.

Nur langsam lerne ich, daß ich dann trotz meines zum Selbstschutz notwendigen inneren Zurückweichens beim Abschied nicht kühl und distanziert wirken darf. Sonst müßte sie mit dem Gefühl eines angerichteten Unheils weggehen, eines mir zugefügten Schadens, der sich als Ungnade äußert. Nicht immer kann ich es. Ich soll ja auch getroffen sein, damit es leichter zu ertragen ist. Aber es darf nicht in der Ungnade der Distanziertheit enden.

SIE Wochenlang erlebe ich ihn jetzt als sich selbst ähnlich, während ich früher nie wußte, in welcher Gestalt er mir zu jeder Stunde erscheinen würde. Habe ich »jetzt« und »früher« gesagt? Hat er gewonnen? Habe ich eine Geschichte mit ihm? Jetzt und früher, keine unvereinbaren Fragmente mehr? Nebelbänke schieben sich zwischen uns. Gestern war die Doppeltür zu, und er hat mich erst beim dritten Klopfen gehört. Ich wollte schon beim zweiten wieder gehen. Ich lasse mir nichts anmerken, deshalb weiß er auch nicht, daß er der Feind ist. Mit ihm verfeindet zu sein wäre ja schon eine Beziehung. Er ist der Feind, den es nicht gibt, durch den ich hindurchschaue. Er quält sich mit der Entdeckung der Ursachen dieses Ausbruchs eines vor Kälte klirrenden stummen Krieges. Aber wenn er sie findet, hat er schon gesiegt. Ich verberge sie vor mir selbst. Die geschlossene Doppeltür, welch beschämend harmloser Anlaß für meine Erstarrung. Er muß mich gezielt demütigen haben wollen. Ich will seine banalen Erklärungen nicht hören. Je banaler sie sind, desto verrückter muß *ich* sein, wenn ich immer wieder auf das Banale, wie auf ein vom Teufel Inszeniertes hereinfalle. Ich muß an höhere Mächte, an böse Absichten glauben, an jemanden, der mich zutiefst treffen will, sonst halte ich diese Rückfälle nicht aus. Ich habe nur die Wahl, entweder verrückt oder verfolgt zu sein. Verfolgtsein von bösen Mächten ist mir lieber, als so verrückt sein, daß die innere und damit auch die äußere Welt durcheinandergerät, wenn eine Doppeltür zu ist.

Endlich entdecke ich sein Unbewußtes. Er soll nicht meinen, nur er herrsche in diesem Reich. Der Ort des Bösen ist sein Unbewußtes. Sicher, er wollte mich nicht verletzen. Ich glaube es seinem treuherzigen Ausdruck. Aber warum sollte er anders sein als ich? Warum sollte er nicht Mordphantasien haben gegen mich? Wenn er solche Sachen bei mir entdeckt, dann ist es doch ebenso wahrscheinlich, daß ein Teil von ihm mir durch das Schließen der Türen ein Signal setzen wollte. Er will mich los sein, das scheint sicher. Mich dreimal klopfen lassen! Er weiß doch, daß ich komme. Redet sich auf Nachrichtenhören in der Pause hinaus. Einen Geräuschvorhang hat er ausgelegt zwischen sich und mir. Ja, jetzt hab ich's: er wollte mich mit Geräuschen vernichten, oder treffen, und ich sollte es spüren und weggehen, ihn nicht mehr belästigen. Er ist erschöpft. Es ist meine Gier, meine Zuneigung, mein Wunsch, ihn zu quälen, der ihn die Tür zuschlagen läßt. Warum ist er nicht offen und sagt, daß er nicht mehr kann? Weil er so rätselhafte, verdeckte Zeichen gibt, wird alles zur Lüge, das ganze System seiner Offenheit. In verhüllten Botschaften kenne ich mich viel besser aus als in den direkten. Das könnte er doch wissen. Oder wählt er auch deshalb die indirekte Sprache, wenn es um grundlegende Dinge geht? Die Sprache, sie taugt für die Verständigung über harmlose Dinge. Inzwischen faßt sie sogar ein paar Gefühle, zumindest dann, wenn er sie formuliert. Mir würde nicht im Traum einfallen, Gefühle in Sprache zu kleiden. Schlimm genug, wenn er mir nachweist, daß ich Gefühle habe und sie vermutlich auch nicht mehr los werde in diesem Leben.

Wie konnte ich nur so naiv sein! Der geschlossenen Tür ging doch längst ein anderes Zeichen voraus. Fehlte nicht in der letzten Woche sein Auto vor dem Haus, obwohl ich zur rechten Zeit kam? Ich wurde unsicher, ich wußte plötzlich nicht einmal mehr, in welchem Monat ich lebe, in welchem Jahr. Nachher hat er sich darauf hinausgeredet, es sei in der Werkstatt. Ich habe mich einlullen lassen. Erst jetzt, mit dem zweiten Zeichen, erschließt sich der Sinn. Zeichen sind immer miteinander verwoben. Da braucht er gar nicht erst seine Motiv- und Ursachenforschung zu betreiben. Damit will er nur an meinen Überzeugungen rütteln. Er will mich schwächen. Einmal ist er so dreist, das Wort »wahnartig« zu verwenden: ich geriete gelegentlich in einen Zustand, in dem ich »wahnartige Verknüpfungen« vornehme. Es war nicht einmal unfreundlich gesagt, aber der Bogen wurde überspannt und zerbrach. Ich habe *ihn* zu Staub zerfallen lassen. Er hat es zunächst nicht gemerkt, wurde aber dann doch unruhig, wenig später, und mußte sich Kaffee machen. Die Hexenkräfte sind noch da, das tröstet mich. Wenn ich alles in mir mobilisiere, meine Zauberkräfte, bin ich immer noch stärker als er. Aber um ihn wirklich zu besiegen, muß ich mit zwei vollen Tagen nachträglicher Erschöpfung rechnen; also merkt er an der Erschöpfung, daß etwas Besonderes los war, und findet mich. Und ich, armer verächtlicher Mensch: nach acht Tagen Groll und Rache lasse ich mich dann doch von ihm retten. Wir sind beide zerschunden, er hat dazugelernt, und ich weiß, daß er diesmal doch noch nicht aufgegeben hat. Aber was sagt dies denn schon über das nächste Mal aus?

Ich muß vor ihm verbergen, wie tief er mich verletzen kann. Dabei kann ich nicht ausschließen, daß er recht hat, wenn er sagt: Vermutlich müsse es zu diesen Verletzungen kommen, weil wir anders die Minenfelder nicht räumen können, die aus früheren Kriegen noch da seien, und es sei sogar möglich, daß ich ihn zielstrebig gelegentlich dorthinführe, wenn er nicht zufällig oder grob fahrlässig selbst auf eine trete. Denn ich hoffte ja, meint er, daß das Land wieder bebaubar werde, und verweist erneut auf das vermaledeite Kärtchen, das ich ihm aus dem hintersten Winkel der Welt geschickt habe, wo aus Kopf und Hüften einer Figur lebendige Zweige wachsen und sich zur Sonne strecken. Diese Karte war ein Fehler. Er hat eine Zuversicht, die mir mitunter obszön vorkommt. Die Welt ist voller Grauen, Krieg, Ausbeutung und Betrug, und diese Zuversicht schwimmt wie ein dreistes Fettauge auf der Suppe, kitschig schillernd.

Der Körper, die Beine zucken jetzt wenigstens nicht mehr, der Fuß hat sich beruhigt, seit er mich immer wieder gegen Säcke treten ließ, die er sich vor den Bauch hielt. Lange habe ich mich dagegen geweigert. Ich trete nie eine Kreatur, schon gar nicht einen Menschen. Und dann kam es doch über mich, am liebsten hätte ich ihm das Gedärm aus dem Leib getreten, ich war so voll von physischem Haß, ich konnte gar nicht aufhören, nach ihm zu treten. Ich bin dann eingeschlafen, und er saß neben mir. Ich mußte ihm noch in die Hand kneifen, daß er zusammenzuckte. Danach habe ich ihm die Sa-

che mit dem geheimen Namen verraten, daß ich ihn mit einer gewissen Andacht für mich »das große Arschloch« nenne. Mir wurde ganz heiß, als ich es sagte. Es war mir möglich, weil er meine Tritte ausgehalten hat und das Kneifen und dann trotzdem neben mir saß.
Nur der Mund zuckt noch, und die Zunge fährt heraus, über die Lippen, ohne daß ich es merke. Erst nachdem er es mehrfach gesagt hat, höre auch ich die schmatzenden Laute, wie sich die Lippen bewegen, wie bei meinem Kind, wenn es gestillt werden wollte. Ich schlucke, aber es gibt ja nichts zu schlucken. Ich schlucke Luft und mache Bäuerchen. Der Kerl könnte mich, wenn er wollte, noch in einen singenden Laubfrosch verwandeln. Hoffentlich begnügt er sich mit menschlichen Formen der Verwandlung und Verzauberung. Ich bin ein erwachsener Mensch und weigere mich, in ein schmatzendes Baby verwandelt zu werden. »Sie spinnen«, sagte ich ihm, und der Sadist sagt: »Eigentlich schaue ich nur zu und versuche die Sprache Ihres Körpers zu lesen. Er will mir etwas mitteilen, und Sie wollen es ihm verbieten. Mal ist der eine stärker, mal der andere.« Aber mir ist doch, als ob er mit dem inneren Feind paktiere, mit dem Körper, dem zuckenden Bündel. Er

war schon fast unter Kontrolle, jetzt fängt es mit dem Mund an! Und natürlich kriegt er seine verdammt scharfsichtigen Augen kaum noch weg von meinem Mund, als ob sich dort die Geheimnisse der Welt erschließen lassen. Früher hat es mich gestört, wenn er ab und zu auf meine zuckenden Füße schaute. Die sind jetzt frei, darum schaut er dort nicht mehr hin.

ER Das Bild des verstörten, ausgehungerten Säuglings, bei dem Ruhe, Nähe, Nahrung, Blick, Körperkontakt, Fremdheit und Erkennen, Gier und Wut nie zusammengefunden haben, drängt sich immer stärker auf. Ich bereite mich vor auf etwas Elementares, auf ein Körperereignis, das mich tief einbeziehen wird, das mich noch ängstigt, das viele flüchtige Bilder annimmt, das mich selbst in unbekannte Dimensionen führen will. Ich besuche im Geist meine therapeutischen Lehrer und Ahnen, manche schütteln den Kopf, manche sprechen mir Mut zu. Dann beginnt es fast beiläufig. Du liegst auf dem Boden, bäuchlings, ich sitze neben dir, du fühlst dich kräftiger als sonst, ich merke es an den eigenwilligeren Krabbelbewegungen. Du behandelst mich plötzlich wie ein geliebtes, großes, warmes Hindernis auf deinem bis jetzt noch kriechenden Lebensweg: du stößt mit dem Kopf gegen meine Seite, zuerst prüfend und forschend, dann mit größerer Wucht, erprobst deine Kraft, versuchst mich aus dem Weg zu schieben, was natürlich nicht geht. Es macht dich wütend, du nimmst die Schultern dazu, einen kleinen Kinderpo, der ungeahnte Energien entfaltet, hältst ab und zu erschöpft, fauchend oder auch zufrieden über deine Begegnungsarbeit inne, dann umrundest du mich wie eine Eidechse, die grade laufen lernt, und es wird immer deutlicher, daß ich nicht weichen soll, sondern daß du die ganze Körperoberfläche und die innere Struktur der Muskeln, des Gewebes, der Knochen überprüfst, wahrnimmst, formst. Das Gesicht belebt sich, die Augen fangen an zu blitzen, wir sind ein großes und ein kleines kreatürliches Wesen, die sich aneinander reiben, wärmen und stoßen, ich bin vorübergehend ein unumstößlicher Weltmittelpunkt in deiner Krabbelwelt, gegen den du mit immer eigenwilligeren Bewegungen anrennst, von dem du dich abwendest, den du beäugst, herausfordernd, dankbar, schelmisch, auch mißtrauisch, und wir sind durch deine liebevolle Gewaltsamkeit verbunden. Du staunst,

daß ich standhalte. Hast du gefürchtet, ich falle um, ich renne weg, ich verbiete, ich ermüde oder weigere mich, innerlich mitzugehen? Du hast nicht gewußt, daß du dich auch mit den Füßen abstoßen kannst, und weder du noch ich gehen verloren oder werden einander lästig. Dann schläfst du ein und hast einen veränderten Körper: gestrafft, lebendiger, in eine Form gebracht, in inneren Zusammenhang. Er wird dir immer wieder abhanden kommen, aber der Weg scheint gebahnt, wir wissen, wie wir dem Zerfall, der Lähmung, der Emigration aus dem Leib entgegenarbeiten können. Du scheinst nicht mehr der verschreckte, frierende, seiner Beweglichkeit mißtrauende Säugling. Skelett, Muskulatur und Oberfläche streben auf eine bisher nicht gekannte Einheitlichkeit zu. Du lohnst es mir mit entspanntem Liegen, einem Atmen, das so viel Raum einnimmt wie nie zuvor. Denn du schienst immer Angst zu haben vor der Luft, die in dich einströmt. Dein Atmen war immer so flach, daß ich dachte: Wie kann man davon leben?
Im Erwachen, das die lange vorbereitete Verwandlung in mir abruft, die Verwandlung in ein nährendes Muttertier, ruht meine Hand nahe an deinem Gesicht. Du reibst das Gesicht leicht

daran, und dann fängst du vorsichtig an, die Lippen zu kräuseln und fast unhörbar zu schmatzen. Der Mund fängt an zu suchen, ich komme dem Suchen mit dem Daumenballen entgegen, du zögerst, versuchst, zuckst zurück, und dann hilft die Natur oder die lange gestaute Erwartung: du erforschst den Daumen zunächst mit den Lippen, dann mit dem Mundinnern, stößt ihn wieder aus, schaust verwundert und schaust weg, wir sind eingebettet in etwas Natürliches und etwas Ungeheuerliches, über das wir beide staunen. Die Greifhändchen geraten in aufgeregte Bewegung, von den Eingeweiden her gurgelt es, der Kopf macht weitere Suchbewegungen, und dann tritt stillende Ruhe ein. Da die Summe der Nähe von Mund, Hand und Auge noch zuviel ist, schaust du kaum, sondern du probierst und saugst, und ich denke noch: Von so vorsichtigem Saugen wird doch keiner satt, aber du hast ja fast nur die Flasche bekommen, die leichtgängige, die kräftige Bemühung nicht forderte. Schauen und Trinken und Greifen kannst du zunächst nur abwechselnd, es kommen die Wochen, wo wir beide das Stillen lernen. Es gehört dazu, da du vorsichtig die Zähne erprobst, noch nicht schmerzhaft, mehr in dem Versuch, den Daumen fest und verfügbar zu halten. Nach ein paar Wochen aber kommt die Gier, plötzlich, überraschend, überwältigend, ich kenne das nur von jungen Lämmern, die dem Tode nahe sind. Der Daumen verschwindet im Mund, stößt an, ich fürchte, der Nagel muß dich schmerzen, ich biete den Daumenballen an, aber das scheint zuwenig. Hätte ich gedacht, daß du mich durch Saugen erschrecken könntest? Aber du kannst es, ich habe nie eine vergleichbare Gier gesehen oder gespürt, der ganze Körper arbeitet mit. Dann schläfst du ein und wiederholst es beim nächsten Erwachen, und wiederum verändert sich das Gesicht und fängt an zu blühen, obwohl es auch erschöpft aussieht. Du bist verwundert, nicht mit Worten, mit ungläubigen Blicken, daß du mich nicht aufgefressen hast. Daß du es getan hättest, würde ich nur ganz durch deinen Schlund gehen, daran habe ich kaum Zweifel. Du schaust, als habest du etwas ungeheuer Gutes und Bedrohliches getan, vielleicht das bisher absolut Unerlaubte, nie Riskierte und schon nicht mehr Erträumte, doch es muß ja vorhanden gewesen sein, vielleicht nur als Angst, als etwas, das irgendwann aus dir herausbrechen und die Welt in einem beschädigten Zustand hinterlassen könnte.

SIE Saugen, Fressen, Greifen, Schauen, in zunächst wildem Durcheinander, das langsam eine geordnete Reihenfolge findet. Mit den Augen trinke ich sein Gesicht leer und lasse mich vollaufen, prüfe mit beiden Händen, die ich um den Arm lege, ob er erhalten bleibt, ob er Angst hat oder ruhig sitzt, ob ich die richtige und notwendige Form der Ermutigung finde. Ich fürchte meine Zähne. Er scheint sie nicht zu fürchten. Er scheint nicht zu wissen, daß ich sein Leben in der Hand, im Kiefer, im Gebiß habe. Ich mache Probebisse und beobachte scharf, was ich anrichte. Ich will, daß er reagiert, und er tut es. Er zeigt mir eine Haltung des Daumens, die ihm angenehmer scheint, und wir vereinbaren Zeichen für den Augenblick, da es weh tut. Es graust mich lustvoll, wenn er »au« schreit, glaubhaft und mit leicht verzerrtem Gesicht. Dann heile ich seinen Daumen mit sanfteren Bewegungen im Innern des Mundes und streichle seine Hand.
In manchen Stunden werde ich wütend, wenn ich nicht schon nach wenigen Sekunden an der Brust liege. Lange kann ich den Wunsch von mir aus nicht einmal signalisieren. Ich warte, bis er ihn mir von Mund und Augen abliest. Dann weicht allmählich die Scham, und ich kann zum

ersten Mal aussprechen, was ich brauche. Das scheint ihn für vieles zu belohnen. Ich arbeite mit.
Es war mühsam, ihm klarzumachen, wie oft ich nicht wußte oder spürte, was ich brauche. Und da ich glaubte, er wisse es längst und in den verschiedensten Situationen, war ich ihm böse; ich dachte, er weigere sich mit Absicht oder versuche mich zu klaren Äußerungen zu drängen. Ihm zuliebe probiere ich vorsichtig ein paar Worte und Sätze aus über Dinge, die noch weit entfernt liegen von dem, was wir tun. Später sage ich, wenn ich schaue und greife, so unerhörte Worte wie »hallo« oder »du« oder »Sie haben eine krumme Nase« oder »Ihr Kopf ist wie in den Wolken« oder »Verdammter Riese, hat's weh getan?« Dann nickt er oder brummt oder lacht oder macht ein paar einladende Grimassen. Manchmal kneift er ein Auge zu, das gefällt mir nicht, ich will nicht, daß man mich narrt, und was Zwinkern ist, will ich noch nicht wissen. Es ist ein Unterschied, ob man Worte benutzt und taucht dabei in die Augen ein oder greift mit den Fingern oder riecht jemanden und sieht und hört die Antwort aus solcher Nähe; oder ob man Worte in den Raum, in die Richtung eines Anderen wirft,

und man weiß nicht, hat man nun weit genug geworfen, hat er gehört und verstanden, ist er überhaupt in der Lage, Worte aufzufangen. Noch ist es ja nicht wirklich ein Sprechen, sondern ein vom Körper begleitetes Hinüberschieben von Worten, hin zum anderen Körper, der sie annimmt, als habe er etwas zum Fressen bekommen, oder als hätten sie seine Oberfläche und gleichzeitig sein Inneres berührt. Er macht jetzt übrigens auch viel Lärm mit seinem Inneren, der Elefant, wahrscheinlich verdaut er Heuballen und Runkelrüben, aber ich weiß auch, die Musik in seinem Bauch hat mit mir zu tun und mit dem, was ich mir zutraue. Wenn es zweistimmig gurgelt, lachen wir beide, und es macht mir nichts mehr aus, das *Wir*.

ER Allmählich lernst du sprechen. Worte sind nicht mehr Falschgeld oder gar vergiftete Nahrung, deren Bedeutung dich verwirrt und die du meiden mußt, weil Sprechen im Besitz »der Anderen« ist, der Eltern und älteren Geschwister, als Instrument der Macht und Vernebelung, der Manipulation, des Hohns und der Zerstörung von Gefühlen. Du warst ins Sprachlose emigriert und hast dich zu langsamer

Heimkehr ins Reich der Worte entschlossen, denen wir im Vorsprachlichen ein neues Fundament geschaffen haben. Natürlich können Worte nach wie vor Schaden anrichten. Bis ich verstehe, welche Worte für dich Geschosse sind, vergiftete Pfeile, sofort wirksam, oder verzögert; Gifte, an denen du erst nach Stunden oder Tagen erkrankst, da braucht es Monate zur Heilung. Worte, die ich wähle, weil ich annehme, sie gehören einem nun gemeinsamen Fundus an, können für dich aber ganz andere, gegenteilige, schaurig eingefärbte Bedeutungen haben. Gott sei Dank kenne ich dein Gesicht nun viel besser. Ich weiß, wann der Augenvorhang sinkt, der Schleier der Unwirklichkeit, den du über die Welt legst; wann die Erstarrung des Körpers eintritt, die Veränderung deiner Sprache hin zum Raschelnden, Blutleeren. Der Übergang von den Zeichen, den Lauten, den Berührungen zu den nur noch durch die Luft fliegenden, nur noch durchs Ohr eindringenden Symbolen ist schwierig. Du überprüfst meine Worte in mir unbekannten, inneren chemischen Laugen auf ihre Giftigkeit und Bekömmlichkeit hin, bestimmte Worte sind tabu, zum Beispiel alle, die auf die Art unserer Beziehung verweisen, auf die eingegangene Abhängigkeit. Und du nimmst ganz selbstverständlich an, daß ich eine allein auf dich bezogene Dechiffriermaschine habe, die alle deine Geheimdeutungen kennt, die musikalischen Varianten. Es ist, als ob wir chinesisch sprächen, wo dasselbe Wort ja nach Intonation ganz unterschiedlichen Sinn haben kann. Wir sind zu mühsamen Übersetzerkünsten gezwungen. Wir treiben Wortarchäologie: wir konferieren manchmal Wochen und Monate *nach* einer Verstimmung, welche Bedeutung ein Wort oder ein Satz in der Situation hatte, die uns zurückwarf und unseren wärmer werdenden Nicht-Krieg wieder in einen frostig klirrenden Waffenstillstand, wenn nicht in einen begrenzten Krieg verwandelt hatte.

SIE Er muß akzeptieren, daß ich das Sprechen erlerne wie ein Taubstummer, dem man in die Hand oder in die Luft buchstabieren muß. Ein Wort kann lauernde Gefahr bedeuten, und erst, wenn er mir beim Aussprechen die Hand auf die Stirn legt und ich gleichzeitig seine Wärme spüre, wird das Wort ein Geschenk. Es wäre viel besser, wir könnten Tontäfelchen austauschen. Er weiß ja nicht, daß ich manchmal, wenn ich nicht bei ihm bin, mit ihm *singe* oder ihm mit geschlossenen Lippen etwas zusumme. Die Worte bleiben hinter den Zähnen, aber die Töne, so bin ich überzeugt, werden ihn erreichen. Oft bin ich fassungslos enttäuscht, wenn ich dann am Montag merke, daß er gar nicht in meinem Konzert war, sondern auf einem anderen Stern. Schreckliche Zwischenzeiten: all meine Zauberei, meine magischen Verrichtungen und Beschwörungen, helfen *nicht mehr*, und die Worte klappern doch *noch* wie untaugliches Besteck, wie Stäbchen, von denen mir die Speise herabfällt, bevor ich sie ihm ins Ohr füttern kann. Und umgekehrt? Immer wieder vergißt er, daß er mir die Wortnahrung vorkauen muß, daß mich jeder unbekannte Brokken ängstigt, weil er unverdauliche Substanzen enthalten könnte, die unbemerkt in mich eindringen. Manchmal halte ich nur durch, weil ich spüre, die Arbeit fasziniert ihn. Aber da das ungerecht ist – *mein* Tempo einer lädierten Schnecke, *meine* Zweifel am Sinn und *seine* Ungeduld –, mache ich es wie mit der Zeitmaschine: ich lasse nicht nur die Zeit, sondern auch den Sinn auslaufen. Wo das Leck sitzt, weiß ich selber nicht. Und doch kann ich etwas anrichten, daß er grau wird vor Entmutigung. In mir ist dann etwas, was mächtiger ist als wir beide, eine böse Gottheit, von der ich nichts wissen will, die mir aber ab und zu Macht verleiht. Dann sieht er aus, als hätte ich seine Seele ausgelöscht. Es gibt aber Träume, in denen er mich aus tiefen Strudeln rettet. Ich behalte sie oft Wochen und Monate für mich und bewahre sie als Vorrat, für die Feste der Annäherung, oder wenn ich ihn wiederbeleben muß, wenn er resigniert ist. Er soll das Grundgefühl meines Lebens ruhig kennenlernen, sonst glaube ich ohnehin nicht, daß er mich versteht. Aber kurz bevor er stirbt vor Mutlosigkeit, schenke ich ihm einen Traum, der ihn tröstet.

ER Du lernst sprechen und versuchst natürlich, *unser* Sprechenkönnen auch mit Anderen zu erproben. Wenn dort der Wortsalat sich in kreischendes Gezeter verwandelt, kannst du mir mit gräßlichem Sarkasmus nachweisen, wie idiotisch es ist, an die Sprache zu glauben. Sie ist der Unheilbringer. Aber dann glücken dir doch erste Verständigungen, auch über Gefühle. Du gibst sogar Unterricht in der Sprache der Gefühle, wählst dir dafür noch Stummere, Verzweifeltere aus unter deiner Klientel und schwankst zwischen Scheitern und brüchigem

Erfolg. Mit Sterbenden sprichst du am liebsten. Sie sind offener für deine begleitenden animalischen Zeichen. Und Kinderworte, eingebettet in lebendige Körpersprache, kannst du aufgreifen und auf der richtigen Ebene zurückgeben. Du erprobst die Sprache sogar an Familienmitgliedern, scheiterst an der Mutter und erreichst gelegentlich den jüngeren Bruder.
Die Polizei überhäuft dich mit Strafmandaten, weil du Auto fährst wie ein wild gewordener Pygmäe. Die Sprache der amtlichen Papiere, die dich überfluten und die sich vermehren, weil du sie so lange ungeöffnet liegenläßt, bestärkt dich wieder in der Weigerung, in die Sprachwelt der Erwachsenen einzutreten. Die Briefe, die du mit deinem geschiedenen Mann wechselst, sind ein Schlachtenlärm. Du kannst Sätze bilden, kunstvoll in ihrer verwundenden Kraft wie Mehrfachsprengköpfe. Und an manchen Tagen kommst du zerfetzt von der Wucht seiner Antworten. Aber die inneren Gespenster ermüden allmählich, sie haben nicht mit der Beständigkeit unserer Koalition gerechnet. Du hast gelernt von ihrem Höllengelächter und wendest es nun gegen sie an. Einige Male ist mir zum Beten zumute: »Will Satan mich verschlingen, so laß die Englein singen: dies Kind soll unverletzet

sein.« Der Gott *vor* dem drohenden Gott der Großmutter, den sie dir als Bewacher und Durchschauer mitgegeben hat, taucht auf, und er erscheint als einer, der mit dir rechnet als einem Wesen *vor* der Erbsünde und der Theologie des verderbten Herzens.

Gestärkt und geschwächt von unscrem ersten Jahr und einem Teil des zweiten trittst du ein in das Erdzeitalter des Trotzes und in die dampfenden Epochen tropischer Überhitzung. Man könnte das allmählich Psychoanalyse nennen, was wir machen. Die Hälfte unseres Stoffs ist deine Kindheitsgeschichte, die andere Hälfte ist zwangsläufig *unsere* Geschichte, die ja auch noch einmal umgewälzt und verstanden werden will, weil sie ebenfalls eine Vorgeschichte ist, die ich gleich enden lasse.

Wir hatten, bei Bedarf, einen wegekundigen Begleiter. Als völlig allein erziehende Mutter hätte ich nicht anders gekonnt, als dir auch in *unserer* Geschichte gefährliche neue Wunden zu reißen. So ist es bei Störungen und Mißverständnissen geblieben, die ertragbar waren. Einmal, als du von deiner verzweifelten Hilflosigkeit im Umgang mit deinem Kind sprachst, ängstlich, ob du den Kontakt nicht abbrechen solltest, weil du mehr Schaden als Nutzen von deinen Besuchen fürchtetest, habe ich, nach einer Krise, wohl zu früh angedeutet, daß ich auch über *meine* Verwirrung bei der Arbeit mit einem sachverständigen Freund gesprochen hätte. Ich wollte dir signalisieren, daß ich Beistand hatte beim Überleben und bei der Regeneration meiner Kräfte. Du hast es bitter übelgenommen, wie einen bedrohlichen Verrat. Rübezahl hat keinen Freund, Partner, Dritten, Tröster, Berater! Er muß sein Handwerk, so glaubtest du damals, ohne es anders als durch Verletztsein ausdrücken zu können, ganz aus eigener Kraft beherrschen. Und ich wußte ja nicht, daß du damals noch glaubtest, du seist an meiner Wiederherstellung zwischen den Stunden durch magische Kräfte beteiligt. Daß der Dritte notwendig ist, gleichgültig in welcher Form und in welchen Konstellationen, dies zu erkennen war noch einmal mühselige Arbeit. Gerne wärst du dein eigener, und mein Schöpfer gewesen. Später dann sollte ich es sein, ganz ohne Verankerung in eigener Umwelt oder im Weltraum. Auch von dieser frühen Gottesübertragung, die uns zusammenhielt, wenn nichts Menschliches mehr ging, mußten wir uns trennen. Die Natur, bevor sie uns Worte gibt, arbeitet mit seltsamen Gewalten. Es sind Erd-, Luft-, Wasser- und Feuergeister, die sich verwandeln, einander bekämpfen oder sich in uns einnisten. Sie können einander auffressen und wieder ausgespuckt werden und behaupten, zwischen Gut und Böse gebe es keine Verbindung, nur wogenden Kampf und die Narretei ewig wechselnder Verkleidung.

Wenn du keinc Hexe mehr bist, muß ich nicht mehr der Teufel sein, der dem lieben Gott die Küchenabfälle zum Überleben stiehlt. Auch nicht mehr Rübezahl. Vielmehr: Rübezahl kann wieder unter die Menschen gehen und ihre Sprache sprechen.

Erst als wir Jahre später diesen Bericht während einiger Wochen zusammen besprochen haben, hast du gespürt und dich erinnert, daß wir diese versunkene gemeinsame Vorgeschichte haben. Was außerhalb der Sprache herumgeisterte, ist durch die Sprache wirklicher geworden. Du fingst an zu glauben, daß ich bei dir war, als du noch nicht recht da warst, allenfalls als Vorhut deiner selbst, als manchmal schauriger Abglanz eines versunkenen Wesens außerhalb seiner selbst und seines Körpers.
Sehr spät erst hast du mir mitgeteilt, daß du nicht freiwillig kamst, sondern auf »dringenden« Rat von Menschen, die du schätztest und von denen du abhängig warst. Erst allmählich auch konntest du sagen, daß deine Urteile und Vorurteile gegenüber analytischer Psychotherapie vernichtend waren: ein System starrer Regeln und Indoktrinationen, eine Art Gehirnwäsche, für die man selbst dann bezahlt, wenn man krank ist und nicht kommen kann. Und noch später erst konntest du mir die Frage beantworten, warum du mich gewählt oder akzeptiert hast für diese Expedition ins verschüttete Bergwerk, eine Wahl, für die ich in den

ersten Stunden keine plausiblen Anhaltspunkte fand: du warst eine Stunde zu früh zum Erstgespräch gekommen; eine einfühlende Bemerkung über den Schmerz des Wartens drang wie eine Überraschung durch den Panzer des Mißtrauens. Zu deiner Geschichte gehört soviel Wartenmüssen ohne Erklärung und Einfühlung, ja ohne Wahrnehmung oder gar Trost. Du fühltest dich für einen Augenblick entdeckt, verstanden; ein kurzer Lichtblick also noch bevor du im Zimmer warst; als hätte jemand ein Grubenlicht für uns angezündet, das doch so oft wieder zu erlöschen schien.

NIKLAUS ROTH
NACHWORT

Der vorliegende Text berührt mich als *Leser,* der die Geschichte einer zunächst abgründigen therapeutischen Beziehung erzählt bekommt. Er spricht zu mir als *Psychoanalytiker,* den die Frage angeht, was das Wesen einer solchen Beziehung ist, welche Kräfte sie strukturieren und wie sie das tun. Er weckt mein besonderes Interesse da, wo der Autor den körperlichen Kontakt mit seinem Patienten einbezieht, da ich selber auf meine Weise als Therapeut einen Weg suche, dem ganzen Menschen zu begegnen, also auch seinem *Körper.*

Ich habe das *Abgründige* angesprochen. FREUD hat es als die Polarität von Leben und Tod, und das hieß für ihn: als Konflikt der Triebe (Sexualität und Aggression, Lebenstrieb und Todestrieb) zu fassen gesucht. Die Erfahrung mit unseren Patienten kann uns aber lehren, die kindlichen Antriebe mehr als *Bedürfnisse* zu verstehen. Als solche sind sie nicht in erster Linie darauf angelegt, »aufgeschoben oder bezähmt« zu werden, sondern sie finden ihre Gestalt wie ihre »Begrenzung« ebenso sehr in der Erfüllung wie im Verzicht: auch im Sattwerden erfährt der Mensch, daß sein Hunger nicht allmächtig ist. Der Ort dieser Erfahrung ist zunächst die Begegnung des bedürftigen, aber auch zornigen kleinen Kindes mit seinen Eltern. In dieser Sicht erscheint das, was FREUD Triebe nennt, als das Resultat einer mißglückten Begegnung. Erst wo das Bedürfnis ins Leere stößt, nimmt es die Form einer ungerichteten, aus sich heraus ungebremsten Bewegung an. Diese kann dann auch sekundär in den Bann der Sexualität oder Aggressivität geraten.

Eine Psychoanalyse, die dem Ganzen des Menschen eine Dimension mehr einräumt als der Summe der untersuchten »Bausteine« oder Teilaspekte, gewinnt die Freiheit, die Frage nach den Antrieben und ihren Konflikten immer wieder neu zu stellen. Frucht dieser Öffnung ist das Wagnis, das Konzept eines *Selbst* zu formulieren (das eben dieses Ganze meint), und ist der Versuch, die Untersuchungen von MARGARET MAHLER und ihren Mitarbeitern[1] in ihr Denken mit einzubeziehen. Sie schildern in den grundlegenden Entwicklungsbewegungen der Abgrenzung und Annäherung, der Wiederabgrenzung und Wiederannäherung des Kindes gegenüber seinen Eltern einen Vorgang, den jeder Patient, der sich in die therapeutische

Beziehung wirklich einläßt, wiederholt. Am verwundbarsten ist er dabei in den Momenten der Umkehr: wieder zur Abgrenzung, wieder zur Annäherung hin. Zurückkehren kann nur, wer schon sicher ist, sich wieder entfernen zu dürfen, und weggehen nur, wer weiß, daß er zurückkehren kann. Es ist daher die tiefe Furcht des Patienten, Abgrenzung führe zum Verlust von Beziehung, Wiederannäherung zum Verlust der Autonomie, kurz: die beiden Bewegungen hemmten einander. – Bedingt sind die Bewegungen aber durch den Umstand, daß wir nicht zugleich die Nähe und die Distanz, das Gleichsein und das Anderssein, die eigentlich zusammen da sind, erleben können.

Erst das Selbst, das auf diesem Wege schrittweise gewonnen und stabilisiert wurde, kann den Triebkräften, die der Psychoanalyse altvertraut sind, ihren Platz zuweisen. Der Abgrund, dessen Rand diese therapeutische Reise folgt, ist in seiner Tiefe die Unmöglichkeit, in den genannten Bewegungen der Identifikation und Desidentifikation ein eigenes kohärentes, d. h. stabiles und sinntragendes Selbst zu erfahren. Wird diese Patientin, die ihre Kindheit hinter sich hat, noch lernen, durch das symbiotische Gleichsein mit ihrem Therapeuten hindurch das

Anderssein herauszuarbeiten und zu ertragen? Wird sie durch die Abgrenzung von ihm und von der Welt hindurch sich der Identifikation mit beiden wieder öffnen? Erst diese Fragestellung, meine ich, läßt uns Ziel und Gefahr eines therapeutischen Unternehmens wie des beschriebenen ermessen.

Nach D. W. WINNICOTT[2] kann der Mensch von einem gewissen Zeitpunkt an seine primären und wahren Impulse hinter einer sekundären Organisation, dem »falschen Selbst«, verbergen. Diese hat gelernt, die zu erwartenden Verletzungen vorwegzunehmen, also auf die traumatischen Übergriffe zu reagieren und sich ihrer zu erwehren, indem sie sich letztlich anpaßt. Diese Organisation ist Schutz, vermittelt aber kein Erleben von Sinn. Sinn stellt sich erst ein, wenn die tieferen, ursprünglichen Regungen des »wahren Selbst« wieder in das Spiel gebracht werden können. – So gesehen bildet Therapie den Raum, wo die Abwehrorganisation des falschen Selbst erkannt, als Reaktion auf Verletzungen durchschaut werden kann und innerhalb der Beziehung zum Therapeuten schrittweise überflüssig wird.

Primär sind die von MARGARET MAHLER gefundenen Individuationsbewegungen der Annäherung und Abgrenzung zwar auf das gesunde Kind, ist die von WINNICOTT beschriebene Organisation des falschen Selbst auf den verletzten Patienten bezogen, der sich schützt und verbirgt. Es ist aber eine grundsätzliche menschliche Voraussetzung, eine condition humaine, daß jede Entwicklung verletzbar ist und jede Heilung Entwicklung bedeutet. Der verletzte geheilte Mensch ist bewußter und menschlicher geworden, als er in unverletztem Zustande wäre. Gesundheit kann beim Menschen nur dialektisch verstanden werden, als ein Gesundwerden, nicht statisch als Abwesenheit von Störung und Konflikt. Das macht unsere Tätigkeit als Therapeuten so spannend.

Daß die Arbeit von WINNICOTT und damit die seiner Lehrer FERENCZI und BALINT[3] – v. a. im englischen Raum – in die psychoanalytische Theoriebildung integriert wird, macht diese lebendiger. Indem der Begriff des »wahren Selbst« jeder wissenschaftlichen Definition entgeht, führt er das Unteilbare und letztlich Unbenennbare des ganzen Menschen vor Augen. Die Dialektik der menschlichen Situation drückt er dadurch aus, daß »wahres Selbst« am einen Pol ein spontanes Ereignis ähnlich einer Geburt, am anderen Pol Verantwortlichkeit gegenüber dem Erlebten und innere Konsequenz darstellt. Erst die Einsicht in dieses Dialektische der Entwicklung zum Menschen wird FREUDS Auffassung von der *Unendlichkeit* der Analyse und der *Überdeterminiertheit* aller Erscheinungen gerecht[4].

Das *zentralste psychoanalytische Konzept* ist bestimmt das der *Übertragung*. In ihr *wiederholt* der Patient *unbewußt* eine vergangene Situation oder Szenc, die er noch nicht bewältigt hat. Sie bildet die Verbindung der Gegenwart zur Vergangenheit, und sie schafft Zukunft, indem sie die inneren Voraussetzungen des subjektiven Erlebens und der unbewußten Motivationen beeinflußt. – Der therapeutische Kern der Psychoanalyse besteht darin, den sinnloses Leiden perpetuierenden *Wiederholungszwang* eben als *Szene* zu erkennen, diese selbst zugleich als Ausdruck der Selbstheilungstendenz. – Allerdings braucht es den therapeutischen Partner, der sich – geschützt durch das *Setting* – einbeziehen läßt. Zwar weiß der Patient dunkel, was er braucht, um gesund zu werden, aber es bedarf der Konfrontation des Therapeuten, der die alte Szene mit ihm nicht wiederholt und der andererseits bereit ist, in eine neue Szene symbolisch – d. h. eben als Therapeut – einzutreten.

Erst wo der Patient durch seine Ängste, Projektionen und Übertragungsphantasien hindurch das wahre Selbst des Therapeuten, das anders ist, berührt, kann er eine neue Erfahrung machen.

Im engeren psychoanalytischen Sprachgebrauch beinhaltet die Beziehung, die die Patientin dieses Berichts zu Beginn der Therapie aufbaut, noch keine »Übertragung«. Korrekt müßte sie vorerst eine »narzißtische Bindung« genannt werden. Wenn wir den Begriff in einem weiteren Sinne verwenden, können wir aber sagen, daß sich in der hier geschilderten Therapie im Prinzip von Anfang an Übertragung in ihrer ganzen Vielfalt und Kraft zeigt: Es begegnen sich zwei Menschen mit all den Abgründen, die ihrer Vorgeschichte entstammen. Die Wahrnehmung, die sie voneinander entwickeln, ist nicht objektiv. Sie müßte zu unendlichen Verwicklungen und letztlich bedrohlichen Mißverständnissen führen, würde sie nicht im Rahmen des Settings gebändigt und nutzbar gemacht.

Das Setting erlaubt, daß der eine der beiden, der Therapeut, darauf verzichten kann, seine verletzbare Patientenseite unkontrolliert einzubringen, und daß der andere, der Patient, einen Teil der therapeutischen Verantwortung dem

Partner überlassen kann. So hilft es beiden, die ständig ihren gegenseitigen Übertragungen potentiell entspringende Sprachverwirrung zu entflechten.

In dem Bericht wird gleich auch deutlich, wie *Übertragung* und *Gegenübertragung* als zwei Seiten desselben Prozesses zusammengehören. Die Patientin wäre dem Therapeuten zu fern, würde er sie im Spiegel seiner eigenen subjektiven Reaktion nicht auch als Teil von sich selbst erkennen. Der Therapeut wäre für sie unerreichbar, könnte sie ihn nicht als einen Teil ihrer eigenen Welt aufbauen und erkennen. – Deutlich wird auch sogleich, daß »Übertragung« nicht einfach als kognitive Verzerrung aufgefaßt werden kann, die es zu korrigieren gilt. Hier prallen zwei Lebenskonzepte aufeinander mit ihrer ganzen suggestiven Wucht: sowohl zwischen den beiden Kontrahenten als auch letztlich in ihnen selber. Das bedeutet immer auch Kampf: zwischen Patient und Therapeut, wo ersterer die Resignation, letzterer die Hoffnung zu vertreten habe und in beiden selber in der Verinnerlichung des Prozesses. Es geht deshalb nicht nur darum, das Absurde als Relikt der Vergangenheit zu entlarven, sondern zusätzlich auch die abgespaltenen Affekte zu integrieren. Es reicht nicht, daß ein Patient seine Symptome und Phantasien lokalisieren und benennen lernt, er muß auch seine von ihm losgelöste Wut, seine ihm entfremdete Liebe, seine durch ihn ungelebte Trauer als Teile von sich annehmen lernen. Gerade das ist der Grund dafür, daß er das, was er erlitten, aber nicht verstanden und integriert hat, wieder inszeniert[5].

Die Inszenierung bringt ihn an die der ursprünglichen, aber vergessenen Szene innewohnenden Gefühle heran. Darum muß er die Szene so lange wiederholen, bis ihr Sinn klargeworden, die dazugehörigen Affekte gesehen, bejaht und durchlebt sind. Indem er in seiner Übertragung den Therapeuten in seine Inszenierung einbezieht, erhöht sich für ihn die Chance, daß dieser die abgespaltenen Gefühle wahrnimmt, erkennt und tragen lehrt.

Dieser wechselseitige Prozeß kann sich erst da entwickeln, wo der Patient zulassen kann, abhängig zu werden. Darum ist die Psychoanalyse im Gegensatz zu neueren Therapieformen bereit, die Abhängigkeit des Patienten zu erlauben. Das heißt auch, daß zwischen dem Patienten und seinem Therapeuten eine *neue signifikante*, auf dem Erleben beruhende *Beziehung* entstehen kann und daß diese *reflektiert* wird im Hinblick auf die ihr innewohnenden Ängste und Wünsche, aber auch auf Vergangenheit und Zukunft. Reflexion ohne eine solche Beziehung würde nur das tote Wissen, den Intellekt, letztlich das falsche Selbst bereichern. Der Patient lernte zu benennen, was ihm fehlt, er veränderte dann den Jargon, in dem er über sich und die Anderen spricht, aber er bliebe der alte. Beziehung ohne Reflexion würde nur immer wieder das gleiche reproduzieren, aus der Angst vor der Wiederholung eben diese Wiederholung hervorbringen, d. h. dem anheimfallen, was FREUD den Wiederholungszwang genannt hat.

Übertragung bedeutet daher auch, daß das wahre Selbst, welches unter dem falschen Selbst verborgen, aber auch unerfüllt wartet, den Patienten zu einer Regression zwingt, die ihn an den Punkt der Verletzung zurückbringt. Indem er dann als Übertragender die Gegenwart benützt als Schauplatz einer vergangenen Szene, die eine Fehlentwicklung einleitete, ja sie als solche wieder aufbaut, kann er alles verlieren oder alles gewinnen, steht er zwischen Wiederholungszwang und Neubeginn. Er kann nochmals dieselbe Verletzung provozieren, derselben Verführung unterliegen oder aber eine neue Antwort bekommen, einen neuen Weg einschlagen. *Neubeginn*[6], ein Ausdruck, den MICHAEL BALINT geschaffen, aber für bestimmte Störungen reserviert hat, gewinnt, wie ich meine, erst in dieser Generalisierung, in der Polarität zum Wiederholungszwang, seine volle Fruchtbarkeit. Das Konzept des *Wiederholungszwangs,* das die perpetuierende Kraft der Übertragung zum Ausdruck bringt und das für FREUD den Todestrieb belegen sollte, wird erst voll verstanden und fruchtbar in der Gegenüberstellung zum Neubeginn.

Das Erkennen der Destruktivität der Wiederholung macht erst frei, den Neubeginn zu ersehnen; das Wagnis der neuen tragenden Beziehung ermöglicht erst, das Fehlende zu erkennen. So besteht therapeutische Haltung im Vertrauen auf die Etablierung einer Beziehung, die das Trauma (der mangelnden Präsenz oder des Übergriffs von seiten der Menschen, von denen man sich abhängig fühlt) gewissermaßen unterläuft. So besteht Psychoanalyse darin, die tragend gewordene Beziehung im nachhinein deutend zu reflektieren. *Erst diese Distanz zum spontanen Geschehen erlaubt die Unterscheidung von heilenden Prozessen und negativen*

Rekonstruktionen des Gewesenen, erlaubt persönliche Entscheidung und selektive Verinnerlichung. Dabei wird eine kreative Ich-Spaltung geübt, mit der der Therapeut als professioneller Partner vertraut sein soll: Der Patient lernt Erleben und Reflexion einerseits zu sondern, andererseits neu aufeinander zu beziehen. Er ist dann in gewissem Sinne zusammen mit seinem Therapeuten Co-Therapeut (in der Symmetrie zu ihm) und Patient (in der Asymmetrie). Patient ist also trotz aller Zusammenarbeit immer nur der eine. – Gemeinsam erkennen beide die Wiederholung in der vermeintlichen Normalität, dann das Neue in der vermeintlichen Wiederholung, dann wieder den Wiederholungszwang, dann wieder den Neubeginn usf. – Daß das Arbeitsbündnis in der Therapie, die uns Tilmann Moser schildert, zunächst gefehlt hat, ist ein kritischer Punkt. Er macht diese Therapie gefährlich, aber auch bedenkenswert.
Nicht erst in der therapeutischen Zusammenarbeit, sondern schon in der Verborgenheit des wahren Selbst und in der unbewußten, aber strategischen Inszenierung der Übertragung verfügt der Patient über eine – allerdings nur partiell bewußte – *Kompetenz:* die Kompetenz nämlich zu wissen, was mit ihm geschehen ist,

und zugleich: was er braucht, um gesund zu werden. Dieses vorbewußte Wissen zu entwikkeln und verantwortlich zu machen ist *ein* Hauptanliegen jeder Therapie. Solche ist darum immer Unterstützung eines *Selbstheilungsprozesses.*[7]

Gleich zu Beginn des Berichtes erscheint die Patientin als sich selbst entfremdet, »gehalten« nur vom Auto. Bereits dieses erste Bild evoziert die Spannung aller Therapie: Wird das, was im Patienten latent angelegt und in seiner »Krankheit« kritisch aktualisiert ist, durch die Begegnung mit dem »haltenden«[8] Therapeuten zur Reife kommen oder unerkannt bleiben, ja neu verletzt werden? Die Bereitschaft Tilmann Mosers, als Therapeut körperlichen Halt zu geben, wird für die Patientin nur stimmen und wird nur dann therapeutisch fruchtbar sein, wenn dieser Halt genau definiert ist, d. h. eine erarbeitete seelische Haltung symbolisiert.
Dann folgt im Text die Szene, wo der Therapeut die Patientin den Entscheid, zu ihm in Therapie zu kommen, eine Woche aufschieben läßt. Dabei wird das Dilemma sichtbar, das darin besteht, daß diese Patientin die Freiheit, die sie brauchte, um eine Wahl zu haben, nicht

besitzt. Er löst es, indem er trotz des Raums, den er ihr gibt, sie innerlich adoptiert. In seiner Beunruhigung spürt er allerdings die eigenen Zweifel, die Ambivalenz gegenüber einem Entscheid und Zugriff, dessen Tragweite er selber noch nicht ermessen kann. In dieser Situation spürt er, daß er innerlich selber Halt sucht bei »Regeln«, bei der »Zunft«, wie er sagt. Diese Reaktion ist angemessen, denn wo der Patient kein wirkliches Arbeitsbündnis eingehen kann, gerät der Therapeut in die Lage einer werdenden Mutter, die, durch die Befruchtung überrascht, erst zu ahnen beginnt, was der im keimenden Ei schon anwesende Säugling ihr abverlangen wird. Indem Tilmann Moser als Therapeut seiner Patientin gegen Ende der Therapie erklärt, wie er einen »Dritten« brauchte und im kollegialen Gespräch fand, bejaht er seine eigene Abhängigkeit und hilft ihr, sich mit ihrer eigenen – größeren – zu versöhnen.

Wo er dann die Elternfunktion als Therapeut auf symbolischer Ebene akzeptiert und in ihrer Mächtigkeit wahrnimmt, erscheint sie ihm als etwas Religiöses. In dieser Empfindung ist auch die Wahrnehmung eingeschlossen, wie angewiesen die Patientin darauf sein wird, daß er verläßlich bleibt, und welch ungeheuere Kraft

geweckt und gebunden wird, wenn wir als Therapeuten uns von unseren Patienten als das benutzen lassen, als was sie uns brauchen.
»Gebucht wird er als Substanz.« In dieser Metapher, die dem subjektiven Erleben des Therapeuten entspringt, gerät der Autor in die Nähe einer Auseinandersetzung zwischen FREUD und FERENCZI, die BALINT geklärt[9] hat. FERENCZI hatte begriffen, daß dem regredierten Patienten die deutende Sprache des Analytikers unerreichbar werden und daher für ihn traumatische Wirkung bekommen kann. Er schlug deshalb vor, dem Patienten »mütterliche Liebe zuzuteilen«. FREUD sah darin ein gefährliches Eingehen auf die Triebbedürfnisse des Patienten, die er für grundsätzlich unstillbar hielt. Diese Differenz wurde zum Anlaß für die schließlich tragische Entfremdung zwischen den beiden. BALINT vermochte die Situation später zu klären, indem er feststellte, daß auch die Mutter nicht in erster Linie »primäre Liebe gibt«, sondern sich als »Primäres Objekt«, als angemessener, phasengerechter Partner von der primären Liebe des Säuglings erreichen läßt.
Ohne bei einer Patientin, die so tief regredieren muß (und kann), auf den Körper einzugehen, ohne die Sprache auch aus der körperlichen

Begegnung heraus neu zu entwickeln, bestünde die Gefahr, im willkürlichen Verwörtern der Situation dem Patienten eine ihm unerreichbare, unpassende Weltkonstruktion aufzudrängen. Auf einer frühen Ebene bergen Wörter die Gefahr, das falsche Selbst zu füttern. Schweigen allein kann auf der anderen Seite zum Abgrund werden. Körperlicher Kontakt dagegen vermag eine *Brücke* zu bilden, die trägt, aber nicht zwingt – wenn sie als eben das gemeint ist und auch als solches vermittelt werden kann.
Wo der Therapeut wagt, solche Kontakte zu schaffen, besteht *eine* Voraussetzung allerdings darin, daß er bereit ist, jeden Schritt im nachhinein mit der Patientin zu reflektieren. Der vorliegende Bericht vermittelt einen Eindruck davon, wie die Patientin ihrerseits zu lernen hat, sich schrittweise dareinzuschicken, daß ihr Therapeut selbst erst lernen mußte, ihr auf ihrem Weg zu helfen. Sie nimmt die Verachtung gegenüber der Tatsache zurück, daß er nachzufragen hat, was für *sie* stimmt, was *sie* im Moment ertragen und brauchen kann. Dennoch bleibt die Frage: Wie sehr bringen die beiden dadurch, daß sie auch körperliche Kontakte herstellen, die analytische Möglichkeit der Reflexion in Gefahr?

Ich denke, an dieser Stelle wiederholt sich etwas, das gleich zu Beginn diese therapeutische Arbeit kennzeichnet und sich auf verschiedenen Ebenen wiederholt: der Mut beider, sich einem neuen Element anzuvertrauen. Dieser Mut hat immer eine tollkühne Seite, die der Selbstüberschätzung zum Opfer fallen kann, und eine kreative, indem er Vertrauen in die latenten Beziehungs- und Heilungskräfte setzt.
Das war, wie gesagt, schon zu Beginn die Frage: Ist eine Therapie zu wagen, die nicht von allem Anfang an auch als Arbeitsbündnis aufgebaut werden kann? Es ist immer der sichere und leichter zu verantwortende Weg, zuerst die Fähigkeit des Patienten zu diesem Bündnis zu prüfen. Indem diese Patientin kommt, tut sie nur einen ersten Schritt. Aber wer kann mit Bestimmtheit sagen, daß sie sich nicht gleich wieder in ihr »Dickicht« und ihre Verzweiflung zurückgezogen hätte, wenn der Therapeut versucht hätte, sie allzusehr verantwortlich zu machen? – Wo wie im vorliegenden Bericht das Arbeitsbündnis erst langsam aufgebaut werden kann, bleibt allerdings die kritische Frage, ob der Patient je ganz ja zu einem Prozeß sagen wird, zu dem er gewissermaßen verführt wurde. Die Chancen, den Kontrakt nachträglich aufzu-

bauen, liegen in den Momenten der Entspannung. Durcharbeitung und Besiegelung ist dann die Aufgabe der nachfolgenden Psychoanalyse, auf die Tilmann Moser am Ende verweist.

Wer sich zum Richter aufschwänge, indem er sagte, einen solchen therapeutischen Weg anerkenne er prinzipiell nicht, kann der sicher sein, daß er damit nichts zerstört? Das Vertrauen der Patientin in jede Art von Beziehung war tief erschüttert, und es ist im Laufe der Therapie gewachsen.

Ich denke, daß die Beziehung zwischen den beiden getragen war auch von einer tiefen *Identifikation des Therapeuten mit seiner Patientin.* Mit ihr kam er zu einem Teil seiner selbst in Kontakt. Das ist zwar kritisch, aber nur dann destruktiv, wenn er diesen Teil, den er in der Patientin wiederfindet, als Teil von sich selbst leugnet. In der Offenheit, die Tilmann Moser immer wieder wagt, kann seine Identifikation eine Brücke werden für die Patientin, das, was in der Beziehung geschieht, schrittweise auch in ihre Verantwortung zu nehmen. »Gefährlich« ist Therapie immer.

Das rührt grundsätzlich daher, daß sich ein Patient in eine Regression hineinwagen muß, in welcher er einen Teil seiner Kontrolle über sich und den Therapeuten verliert. Es ist dessen *Abstinenz*, die nach psychoanalytischer Auffassung den Patienten vor Übergriffen schützt, davor also, daß er aggressiv bedroht, sexuell ausgebeutet oder zu narzißtischen Zwecken mißbraucht wird.

Aber ich frage noch einmal: Bedeutet die genannte Abstinenz nicht den völligen Verzicht auf jede *Berührung?* Ist der Körper nicht der Sitz unkontrollierbarer Es-Regungen, die, einmal entfesselt, alle Einsicht zunichte machen? – Wer als Therapeut mit dem Körper arbeitet, hat tatsächlich Abstinenz neu zu verstehen und durchzuhalten. Gelingt das, kann allerdings der Körper als Quelle besonderer Kompetenz erfahren werden. Er weiß oft besser, was verletzt wurde, aber auch, was die Verletzung heilt, und er hat oft ein besseres Gedächtnis als die Seele allein mit ihren Vorstellungen. Vor allem kann er fähig bleiben, Hoffnung auszudrücken und noch Berührung mit dem Leben zu suchen, wo Denken und Fühlen ganz dem Wiederholungszwang verfallen scheinen.

Es ist die in den USA entwickelte *humanistische, ja transpersonale Psychotherapie*[10], die in der Abgrenzung zur Psychoanalyse gewagt hat, den

Körper in das therapeutische Handeln einzubeziehen. Die Anerkennung der kreativen therapeutischen Techniken, die innerhalb dieser Psychologie entstanden sind, auch ihrer teilweise zutreffenden Kritik an Positionen der Psychoanalyse, darf aber nicht verdunkeln, daß innerhalb dieser ältesten Form therapeutischer Psychologie eine Entwicklungslinie zu finden ist, die ich mit den Namen FERENCZI, BALINT, WINNICOTT schon berührt habe. In ihr wird das heilende Moment der therapeutischen *Beziehung* und der davon getragenen Möglichkeit der wiederherstellenden *Regression* des Patienten betont. Diese wird dort nicht als Widerstand, vielmehr als eine Bewegung der Selbstheilung aufgefaßt, die die erlittene Verletzung als Urheber des Wiederholungszwangs entkräftigt, indem sie sie zur Darstellung bringt und bewußt macht. Dabei wird auf der Seite des Therapeuten die zentrale Bedeutung des *Haltes* gesehen, den er seinem Patienten geben kann. Dieses *»holding«* respektiert, begrenzt und schützt die Selbstheilungsbewegung des Patienten. Es entspringt zwar einer spezifisch therapeutischen *seelischen* Haltung, wird aber in den Anfängen des Lebens über den *körperlichen* Kontakt vermittelt. Erst der zunächst so gehaltene Körper wird zum Halt für die Seele. Wo der Patient in seiner Regression an tiefe Irritationen herangeführt wird, kann oft nur durch den körperlichen Kontakt die Gefahr abgewendet werden, daß die therapeutische Situation selber zum Trauma wird.

Die *Bioenergetik* als mächtige psychotherapeutische Bewegung, die die Arbeit mit dem Körper betont, bezieht sich auf REICH und LOWEN[11] als ihre Autoren. Soweit ich das beurteilen kann, schwankt sie in ihrem Selbstverständnis zwischen einer Körper und Körperabwehr einbeziehenden Verhaltenstherapie, der therapeutischen Hilfe, isolierten Affekten zum vollen Ausdruck zu verhelfen, und dem Versuch, die körperliche und emotionale Dynamik im Sinne der Psychoanalyse auf dem Hintergrund der therapeutischen Beziehung und der ihr inhärenten Übertragungsvorgänge zu verstehen.

Mit Tilmann Moser zähle ich mich zu den Psychoanalytikern, die den Körper betreffende Wahrnehmungen und Techniken einbeziehen, um dem eigentlich psychoanalytischen Ziel näherzukommen: den Wiederholungszwang zu erkennen, das zugrundeliegende Trauma erlebbar zu machen und im symbolischen Rahmen

der Therapie dem Patienten zu ermöglichen, einen neuen Weg einzuschlagen.
Diese Möglichkeit, aus der Wiederholung einer alten Erfahrung auszubrechen, hat BALINT Neubeginn genannt. Es gibt die berühmte Geschichte einer Patientin, die im Laufe einer Therapiestunde einen Purzelbaum gemacht hat. BALINT hat diese Aktion nicht nur hingenommen, er hat sie zu einem zentralen Ereignis auf dem Wege der Heilung werden lassen.
Er selber beschreibt das so: »Folgende Konstellation trat wiederholt ein: An einer Stelle der analytischen Behandlung, nach einer anscheinend ganz konkreten Deutung, änderte sich plötzlich die Atmosphäre, und der Patient erlaubte sich in der analytischen Situation versuchsweise eine Form primitiver Befriedigung oder höchst einfacher Objektbeziehung, die ihm bis dahin unmöglich, widerlich und abstoßend gewesen war. Wenn dies in der üblichen Manier teilnehmender Objektivität gedeutet wurde, zeigte sich keine weitere Entwicklung. Wenn dagegen der Analytiker darauf einging und reagierte, kam es zu einem plötzlichen Durchbruch mit bemerkenswerten therapeutischen Entwicklungen. Daraus geht hervor, daß sowohl der Patient als auch sein Analytiker

etwas mehr getan haben, zusätzlich zu dem – also nicht statt dessen –, was in der ›klassischen‹ Analyse geschieht.«[12] – Aus dem Zitat geht allerdings hervor, daß BALINT die Aktionen, die er zugelassen, einbezogen und reflektiert hat, nicht nur Purzelbäume waren, sondern zur Person des Therapeuten selber eine neue bislang abgewehrte und als abstoßend erlebte Beziehung aufnahmen.

Das alles rührt an ein Problem, welches Analytiker oft mit dem Wort »agieren« umschreiben. Einen zentralen Punkt berührt da H. THOMÄ[13], wenn er bemerkt, daß schon der Ausdruck »agieren« doppelsinnig ist, da er die Aktualisierung in der Übertragung mit der Zuflucht zur motorischen Aktion vermengt. Er unterstützt nicht nur den Gedanken, Neubeginn solle abseits jeder diagnostischen Zuordnung als zentrales Konzept anerkannt werden, er fragt sich auch, ob wir Analytiker mit der »Abwertung des acting in« innerhalb der therapeutischen Situation nicht Anlaß dafür geben, daß dieses sich »hinterrücks verstärkt und sich nach außen verlagert«. Wir könnten durch ängstliches Festhalten am äußeren Rahmen des Settings die Kreativität des Patienten verbannen und so auf eine Ebene verschieben (außerhalb des geschützten Rahmens der Therapie), wo sie ihm dann schadet. – Daß FREUD selber sich Raum für therapeutische Kreativität offengelassen hat, formuliert und belegt sehr eindrücklich CREMERIUS[14].

Es sind nicht die isolierten Triebe Sexualität und Aggression, die den Körper als Ganzes beherrschen. Mit A. PESSO[15] kann der Körper als Quelle der Information, als Instrument des Ausdrucks und als Mittel zur Begegnung in den therapeutischen Prozeß einbezogen werden. PESSO nennt ihn »den Hüter des wahren Selbst«. (Allerdings kann dieses wahre Selbst mit unintegrierten Triebkräften legiert sein. Vielleicht sind einem Menschen allein in seinem sexuellen oder aggressiven Verlangen Regungen des wahren Selbst zugänglich geblieben.)

Der Psychoanalytiker, der wie G. DOWNING[16] methodisch mit dem Körper arbeitet, kann allein durch seine Art der Aufmerksamkeit, aber auch durch gezielte Beeinflussung der Atmung oder durch bio-energetische Übungen den Patienten auf eine Ebene begleiten, wo das – verletzte, vernachlässigte – Kind in ihm erwacht, das den Kontakt mit seinem intensiven, präsexuellen Erleben bewahrt hat.

Wo er wie PESSO lernt, die latente Bereitschaft

des Körpers seines Patienten zur Interaktion zu sehen, kann er auch diesen lehren, das wahrzunehmen. Beide entdecken dann, wie sich die Hand oder der Fuß ausstreckt oder wie der Patient sich da selber anfaßt und Halt oder Kontakt vermittelt, wo er auf einer tieferen Ebene im Augenblick eben den Halt und die Berührung braucht. Der Patient, der auf dieser Ebene der symbolischen körperlichen Begegnung ankommt, würde eine sexuelle Annäherung des Therapeuten wie ein Kind als Übergriff des Erwachsenen erleben.
Oft ist folgender Ablauf typisch: Ein Patient erreicht in seinem Übertragungsprozeß, der grundsätzlich zugleich auf Wiederholung und auf Heilung zielt, einen Punkt, wo seine Kompetenz zu wissen, was er jetzt braucht, verlorenzugehen scheint. Er ist wie gelähmt. Es kann sein, daß er wieder vorankommt, wenn man ihm empfiehlt, auf seine Gefühle zu achten. Dies kann ihm dazu verhelfen, sich doch wieder wahrzunehmen. Aber die Gefühle können schweigen, Resignation scheint dann alles zuzudecken. Dies ist der Moment, wo sich das Selbst mit großer Regelmäßigkeit im Körper aktualisiert. Eine spezifische Empfindung entsteht in irgendeinem Teil des Körpers. Es kann hilfreich

sein, davon nur zu sprechen. Aber oft schafft da der direkte Kontakt einen Durchbruch, der in seiner Klarheit und Transparenz weder vom Therapeuten noch vom Patienten so vorauszusehen war.

Hat der Eindruck bestanden, der Kopf des Patienten müsse gehalten werden, und wagt der Therapeut, das zu tun, mag sich eine Szene wiederholen, wo der Patient zu früh von der Brust genommen und in die Einsamkeit zurückgelegt wurde. Zusammen mit der Panik, dem Schmerz und der Wut kann sich dann das Bewußtsein bilden, diesmal begleitet zu sein. Das Erleben des Traumas, welches im Moment des Körperkontaktes als ein gegenwärtiges Erleben wieder aufsteigt, ja »halluziniert« wird, schafft dann zugleich die Möglichkeit, für eine neue Erfahrung offen zu werden. Diese ihrerseits bringt erst das therapeutische Element hinein, indem sie die beiden *davor bewahrt, in der reinen Wiederholung (samt ihrer diagnostischen Zuordnung) unterzugehen.* – Natürlich wird sich der Therapeut dabei nicht auf den Patienten stürzen. Er unterbricht seine Intuition, indem er sie mitteilt, indem er nachfragt, und erst, wo sie akzeptiert ist und von beiden her ihre Gestalt gefunden hat, führt er sie aus. Die Vor-

bereitungszeit kann lang oder kurz sein, wichtig ist, daß das Arbeitsbündnis in ihr erneuert wird. Die Zeit danach soll den Gefühlen und ihrer Integration Raum geben.
So mögen der Kopf, der Leib, Hand oder Fuß plötzlich wie von Energie erfüllt erscheinen. Bekommen diese Körperteile Kontakt, entpuppen sie sich als Träger aktualisierter Selbstteile, die in irgendeiner lebenswichtigen Interaktion gebremst, an einem grundlegenden Erleben gehindert worden sind. – So vermag ein Patient vielleicht erst, nachdem er gehalten wird, das Ausmaß der Trauer über den Verlust einer zentralen Bezugsperson ermessen und durchschreiten. Erst dann wird er fähig, die gute Trennung zu vollziehen zwischen dem, was er hergeben soll, als dem irdischen Teil der Gegenwart eines geliebten und wichtigen Menschen, und dem, was er von ihm verinnerlichen muß, um dessen gewahr zu werden, was für den Tod unerreichbar bleibt.
Eine verborgene Sexualisierung der Beziehung, stamme sie vom Patienten oder vom Therapeuten her, wird beim direkten Kontakt der Körper von beiden oft schneller und klarer erkannt. Ihr Ursprung ist dann leichter zu erfassen und zu bearbeiten. Wo sie im Gewand einer »ödipalen

Theorie« erschiene, die den Therapeuten veranlaßte, nach sexuellen Regungen im Patienten zu forschen und das Kind im Patienten in undifferenzierter Weise mit einem sexuellen Trieb zu identifizieren, kann ein Patient darin bestärkt werden, sich für eine Situation inzestuöser Verführung schuldig zu fühlen. Statt des Mißbrauchs der kindlichen Verfügbarkeit und Loyalität kann dann v. a. die – *immer auch vorhandene* – kindliche Triebhaftigkeit zur Verantwortung gezogen werden. Wie das FERENCZI[17] in seinem Aufsatz über die »Sprachverwirrung zwischen dem Erwachsenen und dem Kind« einsichtig macht, entspricht diese Auffassung dann allerdings mehr der Phantasie des Erwachsenen über das Kind als der Realität. Diesen Punkt berührt – auf streitbare Art – ALICE MILLER[18].

Der Einbezug des Körpers braucht den Therapeuten, der in seiner abstinenten Haltung die Grenze ziehen lehrt zwischen der Abreaktion unbezogener Aggression oder Sexualität und der Einordnung dieser Triebkräfte in einen seelischen Ausdruck, der auf einen signifikanten Partner bezogen ist. Gerade die therapeutische Arbeit, die den körperlichen Kontakt mit dem Patienten einschließt, setzt die Unterscheidung voraus zwischen der Wiederholung einer Geste, die schon lange tot ist, und dem Wagnis, in eine ehemals verletzende, jetzt neu aufkeimende Szene einzutauchen und sie zum guten Ende zu bringen.

Eben den therapeutischen Wert, eine Szene zu Ende zu bringen, hat WINNICOTT[19] gefunden, wo er dem Kind und der Mutter hilft, das »Spatelspiel« zu vollenden. – Ein halb- bis einjähriges Kind strebt im Umgang mit einem Objekt, einem Spatel, der in Reichweite auf dem Tisch liegt, eine gewisse Reihenfolge, einen Ablauf seiner Handlungen an. Es ergreift ihn, experimentiert (steckt ihn in den Mund), will ihn wieder loswerden. Alle drei Stufen sind für das Kind komplex und kritisch und können gestört sein. Um den ganzen Ablauf zu vollziehen, braucht es den Halt, die subtil unterstützende, nicht beherrschende Hilfe der Mutter. WINNICOTT leitet aus seinen Erfahrungen zwei Folgerungen ab:

1.) Die wahrhaft spontane Geste erfolgt nur, wo das Kind oder der Patient *gehalten wird.* Beim Spatelspiel wird das Kind körperlich von der Mutter gehalten; die Situation wird vom Arzt »gehalten«, der dabeisitzt und das Ganze organisiert und verantwortet. Nur innerhalb dieser Sicherheit könne sich das »Selbst vor dem Selbst« enthüllen.

2.) Wo der vollständige Ablauf des Erlebnisses zugelassen wird, bzw. dem Säugling das Recht zugestanden wird, eine Erfahrung selbst zu vollenden, hat die Vervollständigung der Aktionsgestalt bzw. des Ausdrucks *heilende Wirkung*.

Der Wiederholungszwang mag sich noch so sehr in den Emotionen und Gedanken eines Menschen festgesetzt haben, die Erfahrung lehrt, daß der Neubeginn, d. h. die Fähigkeit zu hoffen und zu gestalten, im Körper am längsten bewahrt bleibt. Solange man lebt, sucht die Seele durch ihn Kontakt. Wo die Worte den Therapeuten nicht mehr zu erreichen wagen, kann es die Hand, das Auge, die Stimme.

Das Absacken in heimliche Resignation kann oft nur am Auge des Patienten erkannt und nur bei Augenkontakt rechtzeitig angesprochen werden. Wird der Moment verpaßt, hat der Patient u. U. den inneren Zusammenhang schon verloren. Auch die Entwicklung und Erhellung der Gegenübertragung des Therapeuten kann durch direkte visuelle Begegnung, u. U. durch den Kontakt mit dem bebenden Körper des Patienten vertieft werden.

Das Erschreckende ist nicht, daß sich ein Patient körperlich berühren läßt, sondern daß er sich in Abhängigkeit begibt. Das geschieht in jeder Therapie, auch da, wo der Patient im klassischen Setting lauscht und Vermutungen darüber anstellt, was der Analytiker wohl gemeint hat und wo er die Luft einatmet, die dieser ausatmet. Der Körper als Feld erweiterter Wahrnehmung vermittelt auch neue Kontrollmöglichkeiten.

Durch den neu gewonnenen – immer seelischen, evtl. körperlichen – Kontakt löscht der Therapeut die Vergangenheit des Patienten nicht aus, er durchdringt sie als Alternative. Der Neubeginn macht das Vergangene nicht ungeschehen, er nistet sich in ihm ein. Aber ein Spiel, das unterbrochen war, wird auf einer symbolischeren, darum nicht weniger realen Ebene zu Ende gespielt. Das wahre Selbst beteiligt sich wieder. So nimmt die frühe Szene, wo der Vater dieser Patientin schläft und diese seinen Schlaf bewacht, jetzt einen neuen Verlauf. Das ehemals verborgene »Spinnen« entpuppt sich als das, was »Spinnen« immer ist: noch unintegrierbare Kompetenz zu wissen, was man eigentlich will, was man eigentlich brauchte, auch was man eigentlich schon weiß, über sich selbst und über die Anderen, deren Bedürfnisse und deren Verletzungen. Es wird möglich zu klären: das will ich nehmen, das will ich geben, das brauche ich, das nicht mehr, das weiß ich schon, das noch nicht.

Es gibt Szenen in dieser Therapie, die etwas unmittelbar *Erfüllendes* an sich haben. Das muß *dem* Therapeuten unheimlich vorkommen, der annimmt, nur »Frustration« bringe den Menschen voran, »Bedürfnisbefriedigung« fixiere ihn. Daß das Erleben von Grenzen dem Menschen erst Gestalt gibt, ist klar und muß gegenüber einer therapeutischen Theorie, die die »Gewährung« einseitig betonen würde, festgehalten werden. Ebenso einleuchtend ist aber, daß das Kind, das saugen darf, bis es satt ist, seine Gier als Lebenskraft integrieren kann. Andererseits wird jenes Kind, das aus Gründen der Angst der Eltern im Vollzug seiner Erregungssteigerung und nachfolgenden Beruhigung gestört wird, an eben diese Eltern und ihre Methoden fixiert.

Es ist in dieser Therapie offensichtlich, wie durch die erfüllenden Momente Leiden auch befreit wird. Oft wird eben erst da ein Wunsch bewußtseinsfähig, wo – einer neu aufkeimenden

Regung folgend – Erfüllung im Rahmen der therapeutischen Begegnung möglich wird. Erst dann spürt der Patient, was ihm gefehlt hat. Dann erst kann er Schmerz und Wut, zuletzt Trauer entwickeln. Erst jetzt kann er die Fähigkeit erwerben, Verzicht wie Erfüllung im Leben draußen zu ertragen.
Auf der Seite des Verzichts steht die Unmöglichkeit, Vergangenes ungeschehen zu machen, im Entwicklungsprozeß Schmerz zu vermeiden, in Beziehungen außerhalb der Therapie Raum für Regression zu erzwingen, von der Therapie selbst zu profitieren, ohne Regression zuzulassen. – Auf der Seite der Erfüllung gibt es zunächst die Realität der Beziehung zwischen Patient und Therapeut, die Bereitschaft des Therapeuten zur Gegenübertragungs*entwicklung,* auch seine Abstinenz und Verläßlichkeit, wo er den Prozeß aufrecht erhält, welche Übertragung der Patient auch immer macht. Dieser darf sich abgrenzen und wieder annähern, er darf Gefühle wecken und davon erfahren. So wird er pendeln zwischen den zwei Positionen, wo er das Trauma als vergangen begreift, den Therapeuten benutzt als Zeugen der zurückliegenden Wut, des bis jetzt zurückgehaltenen Schreis, und wo er den Konflikt wieder insze-

niert und dabei seinen Therapeuten als Teil der Verletzung empfindet. Jener wird beides begleiten.

Besondere Momente in einer Therapie, die sich weder auf Verzicht noch auf Erfüllung versteift, können in der gleichzeitigen Wahrnehmung intensivster Freude und intensivsten Schmerzes bestehen. Die entgegengesetzten Emotionen erscheinen dann als zwei Seiten derselben Münze. – Mit der Vergewisserung, was man gebraucht hätte, was aber gefehlt hat, kann ein neues Gefühl dafür entstehen, wer man eigentlich ist. In den Schmerz und die Trauer, daß etwas nicht möglich gewesen war, mischt sich dann ein neues Gefühl, dennoch »ganz« zu werden.

Unter Analytikern ist der Begriff der »korrektiven emotionalen Erfahrung« in Mißkredit geraten, weil er mit der Vorstellung verbunden blieb, der Patient werde manipuliert, d. h. von *seinen* Gefühlen weggebracht zu solchen, die einem Bedürfnis oder einer Vorstellung des Therapeuten entsprechen. Was ich hier dagegen schildere, ist ein spontanes und natürliches Geschehen. Die *Szene*, die sich im therapeutischen Raum schließlich erfüllt, *wurde vom Patienten selber geschaffen.* Auf ihrem Höhepunkt hat sie gewissermaßen idealen Charakter. Wird sie nicht gebremst, führt sie zum Abschluß einer Entwicklungsgestalt und zur Vorbereitung einer neuen.

Die Szenen, die uns Tilmann Moser in seinem Bericht schildert – die sich verbergende Patientin, die Schiffbrüchige, die den Schlaf des Vaters Bewachende, die Gierige –, »stimmen« dann, wenn sie dem wahren Selbst der Patientin entspringen, d. h. auch aus ihrer Körpermitte heraus entwickelt wurden. Die Art und Intensität, wie sich die Patientin in ihnen bewegt, legen nahe, daß es sich so verhält. Zu kurz kommt allerdings in der Darstellung der Aufbau der Szene, das Sich-Vergewissern, was stimmt, was nicht, und d. h. die Beteiligung der sich äußernden Patientin, die genau spürt und angibt, was ihr Körper, was sie selbst auf einer gewissen Ebene der Regression benötigt. Zu wenig deutlich wird geschildert, wie die beiden explizit die symbolische Ebene des Spiels (den Intermediärraum WINNICOTTS, in welchem jedes Spiel und alle Symbolisation wurzeln) betreten und wieder verlassen. Nur angedeutet wird, wie beide das Erlebte nachträglich durcharbeiten. – So wie ich es beurteile, waren diese Elemente unausgesprochen vorhanden. Grundsätzlich gilt die Erfahrung, daß unsere Patienten uns oft auf der Ebene des Symbolverständnisses, d. h. des Unterscheidens: das ist die symbolische Geste, das ist der reale Boden, der sie trägt, *voraus sind,* während wir Analytiker uns darum sorgen, ob sie diese Unterscheidung überhaupt erfassen können.

Die »Schiffbrüchige« begreift eindeutig den Symbolcharakter der Szene. Wo die Patientin den Schlaf ihres Therapeuten bewacht, entpuppt sich das, was zuerst als eine Inszenierung des Therapeuten imponierte, als heilende Fortsetzung einer Szene, die in der Vergangenheit der Patientin mißglückt war. Die Sequenz, wo sich der Therapeut als mütterlich-väterliches Idealobjekt versteht, dem bestimmt ist, die Scham der Patientin zu durchbrechen, könnte – so wie ich es empfinde – einen Leser erschrekken. Er kann sie nur nachvollziehen, wenn er bedenkt, daß echte Intimität entstanden ist.

In der Szene, wo der Therapeut seine Patientin verletzt, indem er vergißt, die Doppeltür zu öffnen, und darum ihr Klopfen überhört, sind beide in den Bereich der Übertragung – Gegenübertragung eingedrungen. Die Patientin kann in ihrem Vollzug ihr verinnerlichtes Böses wieder hinausverlegen, der Therapeut aber seinerseits das eigene Böse im Kontakt mit der Patientin aktualisieren. Indem dann beide um das Verständnis der Szene ringen, wird der alte, ursprünglich als hoffnungslos erlebte Kampf zwischen der Patientin als Kind und ihren Eltern neu vorgetragen in der Hoffnung, ein besseres Ende zu finden.[20]

Durch alle diese Sequenzen entwickelt die Patientin ein Verständnis des Szenischen und ein Vertrauen in die Realität des Symbolischen, die ihr schließlich ermöglichen, in einer zentralen Regression ihre Impulse als Säugling wieder zu erfahren und auszudrücken. Solchen Szenen gegenüber als Leser Scheu zu empfinden, ist nötig, da sie nur echt sind, wo die in Übertragung und Gegenübertragung gewachsene therapeutische Beziehung und die analytische Transparenz dieser Beziehung sie tragen. Daß der Daumen dann wirklich Brust ist und nicht der Penis des Vaters oder des Bruders, ist für den Wert der Inszenierung entscheidend. Wäre er Penis, könnte die therapeutisch gemeinte Interaktion die grauenhafte Wiederholung einer traumatischen Sprachverwirrung zwischen dem prägenitalen Kind und dem sexualisierten Erwachsenen bedeuten. Brust ist er nur dann, wenn die körperlichen Begleiterscheinungen so ganzheitlich und säuglingshaft sind, wie der Autor sie erfährt, und wenn der erkennende Teil in der Patientin ihr eigenes Alter, das sie in der therapeutischen Regression annimmt, entsprechend erkennt.[21]

Die Bilder, die beim Lesen dieses Berichtes in mir geweckt werden, betreffen auch eigene Patienten, die ich begleitet habe. Angesprochen wurden zunächst die abgründigen Momente, in denen es schien, daß sich alle therapeutische Hoffnung als Illusion erweisen werde. Andererseits wurde ich daran erinnert, wie gerade das Akzeptieren der Hoffnungslosigkeit einen Durchbruch einleiten konnte. So sehe ich vor mir die einen, die schließlich Haß und Verlorenheit überwinden konnten, und andere, an denen ich versagte und meine ganze Kraft einsetzen mußte, um mich weder auf ihre Kosten loszusagen noch sie zu meiner Rechtfertigung festzuhalten.
Bei denen, die zuletzt die Therapie gelingen lassen, lernen wir Therapeuten zu begreifen, wie es ebensosehr deren Leistung ist, uns vorübergehend als mächtige rettende Figur zu erleben. Im Nachhinein entpuppt sich dann ihre *»Idealisierung«* des Therapeuten als ein natürli-

cher kreativer Vorgang. Sie selber waren es, die das Bild einer Figur, die ihnen in Wirklichkeit gefehlt hatte, aufrichteten, den Therapeuten damit identifizierten, ja ihm halfen oder ihn zwangen, sich in eine bestimmte Richtung zu entwickeln. So konnte im glücklichen Falle für den Patienten etwas innerhalb des therapeutischen Raumes Realität gewinnen, das für ihn eine alte unbewußte Phantasie, zugleich aber außerhalb eines therapeutischen Rahmens eine unmögliche Hoffnung gewesen war. – Allerdings mag ein Patient zuerst einen gewaltigen *Widerstand* dagegen entwickeln, überhaupt wahrzunehmen, was er in Gang gebracht, und vom Therapeuten anzunehmen, was er geweckt hat. Der Beitrag des Therapeuten besteht dann darin, der ihm anvertrauten Rolle und damit der dahinterliegenden Kompetenz des Patienten zu vertrauen. Dazu gehört immer der reflektierende Umgang mit der eigenen Abwehr dagegen, sich als Therapeut so einbeziehen zu lassen, und den Ängsten des Patienten davor, ernst zu nehmen, was er als seine Wahrnehmung, seine Ängste und Hoffnungen in die Welt bringt.

Bei den anderen Patienten hat der Therapeut zu lernen, daß es eine kreative, die Integrität bewahrende und den letzten Abgrund vermeidende Leistung des Patienten sein kann, das Böse *außen* zu sehen, woher es für ihn ursprünglich kam, und festzuhalten, was einmal nicht voraussehbare Katastrophe war, damit es sich nie mehr unerwartet ereigne. Damit hat er zu akzeptieren, ihm nicht weiter als bis dahin voranhelfen zu können.

Für unsere Entwicklung als Therapeuten sind beide Erfahrungen gleich wesentlich: Die Einsicht in unsere Grenzen und das immer wachsende Vertrauen in den therapeutischen Prozeß. Schließlich trägt jede therapeutische Begegnung immer die beiden Aspekte in sich. – Die Entwicklung, die wir im Laufe unserer Gegenübertragung machen, kann dazu führen, daß wir lernen zu geben, was der Patient braucht, aber auch, auf die Rolle des Gebenden zu verzichten.

Es ist gut, mit Tilmann Moser zu sehen, wie wir Therapeuten unsere eigenen Abgründe und Grenzen dazu benutzen können, die Abgründe und Grenzen unserer Patienten zu verstehen, indem wir sie als unsere eigenen wahrnehmen und tragen lernen. Es ist aber auch wertvoll, Berichte vorgelegt zu bekommen, wo Psychoanalytiker wagen, Grenzen zu überschreiten, um latent angelegten Heilungsprozessen zu folgen. Wir sollen sie kritisch betrachten, aber uns auch hüten, aus ideologischen Gründen die Türen dicht zu machen.

Erschreckend wäre allerdings ein therapeutisches Agieren auf der Ebene des Tastens, ja Saugens ohne die klare *Abstinenz* des Therapeuten, der dem Verzicht gewachsen ist, den der gegengeschlechtliche Elternteil zu leisten hat, der also dem des Elternpartners gleicht, der das Kind in seiner Geschlechtlichkeit zwar wahrnimmt, auf deren Stimulierung aber mit Entschiedenheit und Natürlichkeit verzichtet. Auch ist es nötig, jeden neu gelungenen Schritt zu befragen, ob er wirklich dem Kind im Patienten gedient hat oder ob er doch die Wiederholung irgendeiner Form von Mißbrauch mitenthält. Das kann nur der Therapeut leisten, der in einem eigenen analytischen Prozeß dauernd dazulernt, seine eigenen Regungen zu erkennen, und der durch Fragen seinen Patienten dazu ermutigt, die eigene Kritik zu schärfen.

Immer haben wir als Therapeuten den Weg zu finden zwischen der Verletzung der Abstinenz, wo wir mit eigenen Bedürfnissen und Ideen den Patienten überschwemmen und von sich ablenken, und der Verletzung der Liebe, wo wir ihm aus Rücksicht auf unser falsches Selbst etwas vorenthalten, was wir ihm eigentlich geben könnten.

Eine letzte Bemerkung: Indem Tilmann Moser mit diesem Bericht vor die Öffentlichkeit tritt, tut er vielleicht etwas Ähnliches wie seine Patientin, wenn sie ihre Geheimwelt der Offenheit des therapeutischen Raumes preisgibt. Aber wie groß ist auch der Unterschied: Sie hat ihn geprüft. Wie will Tilmann Moser bei seinem Leser nachprüfen, was er mit dieser Intimität tut, die er mit seinen Worten ausdrückt? – Weder gegen die Therapie, wie ich sie verstanden habe, noch gegen den Text, wohl aber gegen seine Veröffentlichung empfinde ich daher Ambivalenz. Von der therapeutischen Absicht des Autors konnte ich mich persönlich überzeugen. Die Offenheit des Lesers für die dunklen und die erfüllenden Bewegungen dieser Therapie, seine Bereitschaft, sie als das zu nehmen, was sie sind, kann ich nicht ermessen.

Eine kritische Frage könnte so lauten: Ist die Veröffentlichung nicht verfrüht? Ich denke, alle Publikationen Tilmann Mosers tragen in sich diese Schwäche, die ich aber auch als ihre Stärke sehe: Sie kommen früh zur Welt. Dieses Plötzliche findet sich denn auch in der Struktur der

Darstellung, ihren Auslassungen und ihrem Elan. Nehme ich die Arbeit als Ganzes und erwäge andererseits die Gefahr von uns Analytikern, in eigenen Wiederholungszwängen zu verharren, bin ich für diese Veröffentlichung dankbar. So beinhaltet die genannte Ambivalenz auch die Bereitschaft und Motivation, ein Nachwort zu schreiben.

Die Kritik aber wäre unberechtigt: Tilmann Moser habe den Schritt zum Körper hin getan, weil ihm die Worte fehlten. Eher geht er diesen Weg, weil er in der Not seiner Patientin eine eigene Notwendigkeit erkennt: Worte, die drohen, sich in »Falschgeld« zu verwandeln, müssen neu »Fleisch werden«.

Anmerkungen zum Nachwort

1 Margaret S. Mahler/Fred Pine/Anni Bergmann: Die psychische Geburt des Menschen, S. Fischer Verlag, Frankfurt am Main, 1978.

2 D. W. Winnicott: Reifungsprozesse und fördernde Umwelt, Kindler Verlag GmbH, München, 1974.

3 Zur Frage der gegenseitigen Beeinflussung und Prioritätsfolge der genannten drei Autoren vgl. J. Cremerius: Sandor Ferenczis Bedeutung für Theorie und Therapie der Psychoanalyse, »Psyche« Nr. 11. 37. Jg. November 1983, Klett-Cotta, Stuttgart.

4 Eine ähnliche dialektische Spannung erfüllt den Begriff der »selektiven Identifikation«, den Edith Jacobson geprägt hat. Der Mensch ist darauf angewiesen, sich in seiner Abhängigkeit mit dem elterlichen oder therapeutischen Partner zu identifizieren, aber er erlangt schrittweise Wahlmöglichkeit und damit Verantwortung. S. E. Jacobson: Das Selbst und die Welt der Objekte, Suhrkamp Verlag, Frankfurt am Main, 1973.

5 Dieser Vorgang schließt ein, was Melanie Klein »projektive Identifikation« genannt hat. Danach verkennt der Übertragende seine Umwelt nicht nur, er entfaltet auch die Kraft, sie – mittels »Druck« – umzugestalten. Solche gewaltsamen Inszenierungen (auch wenn sie vom Therapeu-

ten ausgingen) bedeuten daher Kampf. Die Hoffnung des Übertragenden besteht dann darin, ein unerträgliches Stück des eigenen Selbst zu heilen, indem es zunächst projiziert, dann aber reinternalisiert wird. S: Thomas H. Ogden, San Francisco, Int. J. Psych.-Anal. (1979) 60, 357.

6 M. Balint: Therapeutische Aspekte der Regression, Klett Verlag, Stuttgart, 1970.

7 Dieses Thema wie auch andere Gesichtspunkte, die ich hier nur andeuten kann, behandle ich ausführlicher in meiner Publikation »Die latente Kompetenz des Patienten im therapeutischen Prozeß« (in Vorbereitung).

8 »Haltend« bezieht sich hier auf die von Winnicott beschriebene holding function.

9 Näheres dazu bei J. Cremerius (3).

10 Dazu: H. Petzold (Hrsg.): Die neuen Körpertherapien, Junfermann, Paderborn, 1977.
H. Petzold (Hrsg.): Psychotherapie und Körperdynamik, Junfermann, Paderborn, 1979.
S. Grof: Geburt, Tod und Transzendenz, Kösel Verlag, 1985.

11 A. Lowen: Bioenergetik, Scherz Verlag, Bern und München, 1975, u. rororo Taschenbuch, 1979.

12 M. Balint 6.

13 H. Thomä: »Was heißt ›Neubeginn‹«? »Psyche« 38. Jg. Juni 1984, Klett-Cotta, Stuttgart.

14 J. Cremerius: Psychoanalyse – jenseits von Orthodoxie und Dissidenz, »Psyche« 36. Jg. Juni 1982, Klett-Cotta, Stuttgart.

15 Es scheint mir an dieser Stelle angebracht, meine beiden Lehrer zu erwähnen, die mich in die Arbeit mit dem Körper eingeführt haben. – A. PESSO hat mich eine Form der körperorientierten Einzeltherapie innerhalb einer Gruppe gelehrt. Der Patient lernt dabei, seine innere »Szene« mittels Rollenspielern hinauszuverlegen, bleibt aber im Gegensatz zur Situation im Psychodrama der dauernde Beherrscher dieser Szene und damit verantwortlich. Indem er – seinem Körper folgend – von der Wahrnehmung der Energie zur Aktion, von der Aktion zur Interaktion mit dem Träger einer genau definierten, signifikanten Rolle vordringt, erkennt er vergessene Regungen und Situationen wieder. Den Körper – aufgefaßt als »Hüter des wahren Selbst« – benutzt er dabei als Quelle der Information, als Instrument des Ausdrucks und als Mittel zur Begegnung. Schließlich hilft ihm die Beachtung seiner affektiven und körperlichen Impulse, der vergangenen Szene eine neue Wendung zu geben, sich also auf symbolischer Ebene eine neue Erfahrung zu ermöglichen. – In meiner Auffassung der kindlichen Antriebe als Bedürfnisse sowie ihrer Begrenzung durch den Kontakt bin ich Pesso gefolgt. Er knüpft daran Überlegungen von großer therapeutischer Konsequenz, die ich hier nicht wiedergeben kann. S: A. Pesso: Experience in Action, New York University Press, New York, 1973. Deutsche Übersetzung »Dramaturgie des Unbewußten«, 1986

bei Klett-Cotta. T. Moser: Die Anschaulichkeit des Unbewußten, in: Eine fast normale Familie, Suhrkamp Verlag, Frankfurt am Main, 1984.

16 G. DOWNING lehrte mich Körpertechniken im Kontext analytischer Psychotherapie. Besonders durch die Vertiefung der Atmung stimuliert er Körperprozesse, die an die Stelle des Erinnerns das Wiedererleben des Traumas treten lassen, die aber beim Patienten, der in eine Übertragungsbeziehung eingetreten ist, auch abgespaltene Interaktionsmuster aktualisieren. Ziel ist nicht nur, dem isolierten Affekt wieder seinen vollen Ausdruck zu ermöglichen, sondern ihm zugleich seine ursprüngliche Bedeutung im Kontext der kindlichen Vergangenheit zurückzugeben. Die symbolische Erfüllung eines bislang abgewehrten, elementaren Bedürfnisses ermöglicht dabei die Präzisierung des Schmerzes und erleichtert, ja erlaubt oft erst das Durchschreiten des Trauerprozesses. So stehen die Übertragungsanalyse und die Aktualisierung des wahren Selbst auch bei dieser Form »integrativer Körperpsychotherapie« im Zentrum.

17 S. Ferenczi: Sprachverwirrung zwischen den Erwachsenen und dem Kind, in: Schriften zur Psychoanalyse, Bd. II, S. Fischer Verlag, Frankfurt, 1972.

18 A. Miller: Du sollst nicht merken, Suhrkamp Verlag, Frankfurt am Main, 1981.

19 D. W. Winnicott: Von der Kinderheilkunde zur Psychoanalyse, Kindler Verlag, München, 1976.

20 Vgl. Anm. 5.

21 In der Pesso-Therapie kommt es nicht selten vor, daß ein Patient – zum Punkt der Verletzung regredierend, um von dort aus einen neuen Anfang aufzubauen – in den Bereich der oralen Gier vordringt. Es ist dann üblich, daß ihm die Rollenspielerin, die in diesem Moment eine »ideale Mutter« verkörpert, ihm den Daumen*ballen* darreicht. – Auffallend ist bei so tiefen Regressionen die Regelmäßigkeit, mit der der Patient, der sich in den Prozeß bewußt eingelassen hat, spontan wieder auftaucht und die Rollenträgerin mit Entschiedenheit wieder aus ihrer Rolle entläßt. Dennoch bleibt der Eindruck der neuen, vom Körper mitgetragenen Erfahrung, über lange Zeit bestehen.

Psychoanalyse, Psychologie Sozialpsychologie in der edition suhrkamp

Analytische Sozialpsychologie. Herausgegeben von Helmut Dahmer. 2 Bände. es 953

Roberto Calasso: Die geheime Geschichte des Senatspräsidenten Dr. Daniel Paul Schreber. Aus dem Italienischen von Reimar Klein. es 1024

Der eingekreiste Wahnsinn. Mit Beiträgen von David Cooper, Jean Pierre Faye, Marie-Odile Faye, Michel Foucault, Marquis de Sade, Marine Zecca. Aus dem Französischen von Elke Wehr. es 965

Michel Foucault: Psychologie und Geisteskrankheit. Aus dem Französischen übersetzt von Anneliese Botond. es 272

Erich Fromm: Analytische Sozialpsychologie und Gesellschaftstheorie. es 425

Bernard Görlich/Alfred Lorenzer/Alfred Schmidt: Der Stachel Freud. Beiträge und Dokumente zur Kulturismus-Kritik. Mit Texten von Otto Fenichel, Th. W. Adorno, Max Horkheimer und Herbert Marcuse. Herausgegeben von Bernard Görlich. es 961

Erving Goffman: Asyle. Über die soziale Situation psychiatrischer Patienten und anderer Insassen. Aus dem Amerikanischen von Nils Lindquist. es 678

Félix Guattari: Psychotherapie, Politik und die Aufgaben der institutionellen Analyse. Vorwort von Gilles Deleuze. Aus dem Französischen übersetzt von Grete Osterwald. es 768

Ernst Kris: Die ästhetische Illusion. Phänomene der Kunst in der Sicht der Psychoanalyse. Aus dem Amerikanischen übersetzt von Peter Schütze. es 867

Ronald D. Laing: Phänomenologie der Erfahrung. Aus dem Englischen übersetzt von Klaus Figge und Waltraud Stein. es 314

Logik des Herzens. Die soziale Dimension der Gefühle. Herausgegeben von Gerd Kahle. es 1042

Peter Mahony: Der Schriftsteller Sigmund Freud. Aus dem Englischen von Helmut Junker. es 1484

Alexander Mitscherlich: Freiheit und Unfreiheit in der Krankheit. Studien zur psychosomatischen Medizin 3. es 505

– Krankheit als Konflikt. Studien zur psychosomatischen Medizin 2. es 237

Tilmann Moser: Eine fast normale Familie. Über Theater und Gruppentherapie. es 1223

– Der Psychoanalytiker als sprechende Attrappe. Eine Streitschrift. es 1404

313/1/5.88

Psychoanalyse, Psychologie
Sozialpsychologie
in der edition suhrkamp

Tilmann Moser: Repressive Kriminalpsychiatrie. Vom Elend einer Wissenschaft. Eine Streitschrift. es 419

– Romane als Krankengeschichten. Über Handke, Meckel und Martin Walser. es 1304

– Verstehen, Urteilen, Verurteilen. Psychoanalytische Gruppendynamik mit Jurastudenten. es 880

Tilman Moser/Eberhard Künzel: Gespräche mit Eingeschlossenen. Gruppenprotokolle aus einer Jugendstrafanstalt. Tiefenpsychologische Analyse des Gruppenprozesses. es 375

Die Museen des Wahnsinns und die Zukunft der Psychiatrie. Herausgegeben von Manfred Max Wambach, Gert Hellerich und Wolfgang Reichel. Übersetzungen aus dem Französischen und Italienischen von Christa Schulz. es 1032

Tobie Nathan: Ideologie, Sexualität und Neurose. Eine Abhandlung zur ethno-psychoanalytischen Klinik. Vorwort von Georges Devereux. Aus dem Französischen übersetzt von Max Looser. es 975

William G. Niederland: Folgen der Verfolgung: Das Überlebenden-Syndrom Seelenmord. es 1015

Psychoanalyse der weiblichen Sexualität. Herausgegeben von Janine Chasseguet-Smirgel. Aus dem Französischen übersetzt von Grete Osterwald. es 697

Psychoanalyse im Wandel. Beiträge von Wolfgang Loch, Ursula Pohlmann, Otto F. Kernberg, Helm Stierlin, Paul Parin, Horst-Eberhard Richter, Peter Fürstenau. Herausgegeben und eingeleitet von Peter Kutter. es 881

Ginette Raimbault: Kinder sprechen vom Tod. Klinische Probleme der Trauer. Aus dem Französischen übersetzt von Rainer Harnisch. es 993

Marguerite Sechehaye: Tagebuch einer Schizophrenen. Selbstbeobachtungen einer Schizophrenen während der psychotherapeutischen Behandlung. Aus dem Französischen übersetzt von Eva Moldenhauer. es 613

Was ist Psychiatrie? Herausgegeben von Franco Basaglia. Aus dem Italienischen von Anneheide Ascheri-Osterlow. es 708

313/2/5.88

suhrkamp taschenbücher
Eine Auswahl

2/1/8.86

2/2/8.86

2/3/8.86

2/4/8.86

2/5/8.86

2/6/8.86

2/7/8.86